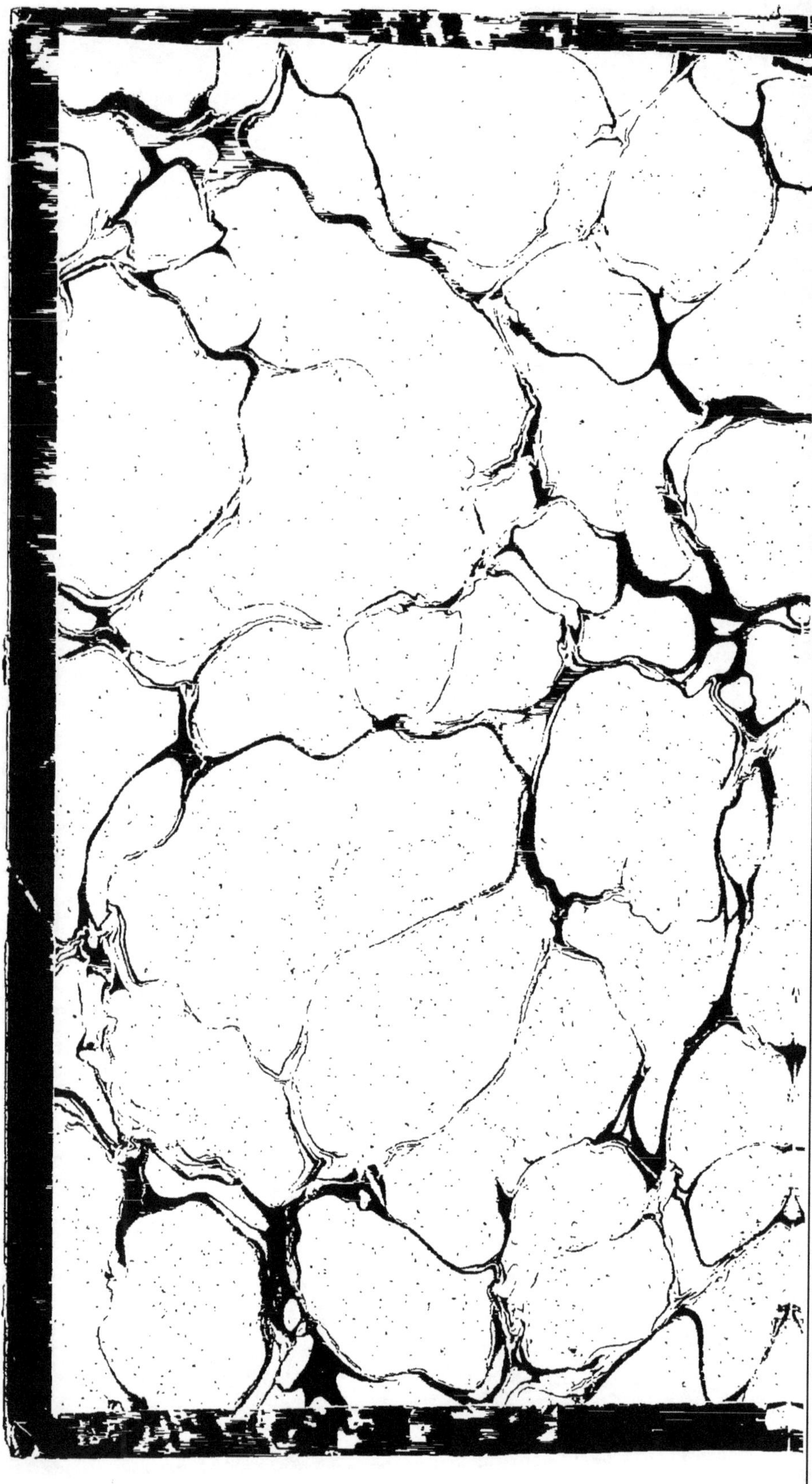

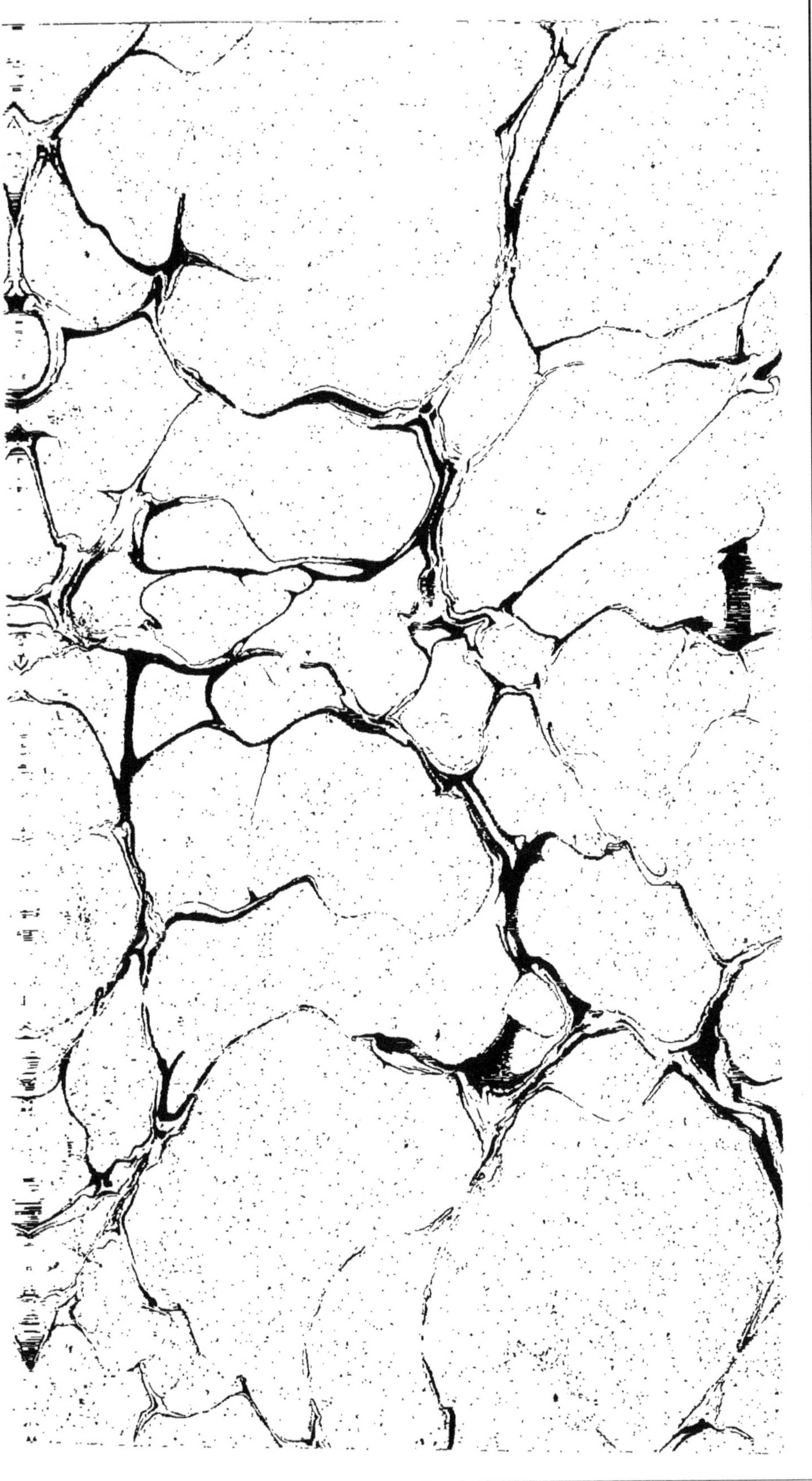

AMUSEMENT
PHILOSOPHIQUE
SUR
LE LANGAGE
DES
BESTES.

AMUSEMENT PHILOSOPHIQUE

SUR

LE LANGAGE DES BESTES,

NOUVELLE EDITION.

Augmentée d'un Avertiſſement, d'un Diſcours préliminaire, d'une Critique, avec des Notes, & de la Rétractation de l'Auteur.

A AMSTERDAM,

Aux dépens de la Compagnie.

M. DCC. L.

[illegible]

AVERTISSEMENT.

A Peine cet Ouvrage parut-il la premiere fois, que l'Auteur ayant appris que quelques personnes en censuroient la premiere Partie, envoya aux Libraires l'Avertissement suivant, pour être imprimé à la tête d'une nouvelle Edition.

L'Auteur s'est cru obligé de prier les Lecteurs de faire attention, 1°. que le Systême qui suppose que les Démons ne souffrent point encore les tourmens auxquels ils sont condamnés, n'a *rien de contraire à la foi Catholique, comme le Pere Petau le démontre dans son Traité des Anges. 2°. Qu'il n'y a par conséquent aucun inconvénient à croire, si on le veut, que d'une partie de ces Démons Dieu en a fait les bêtes. 3°. Mais que l'Auteur s'est contenté d'exposer ce systême comme il a fait tous les autres, sans l'adopter, & qu'il a même eu l'attention de le censurer assez durement, puisqu'il déclare qu'*il seroit téméraire de l'adopter sans l'approbation des Docteurs. 4°. *Que ce systême n'étant qu'une imagination bisarre & presque folle, il ne convenoit pas de trai-*

ter la matiere plus sérieusement que l'Auteur a fait, sur-tout dans un ouvrage qui porte le titre d'Amusement ; & que s'il se trouve quelque espece de plaisanterie semée dans cette exposition, il y auroit plus que de l'injustice à la faire tomber, contre l'intention de l'Auteur, sur des objets respectables, puisqu'elle ne peut & ne doit tomber en effet que sur l'Interlocuteur qui expose le systême. Le Public a d'ailleurs fait un accueil si favorable à ce petit Ouvrage, que l'Auteur a lieu de se consoler de la mauvaise humeur, ou de la fausse délicatesse de quelques Censeurs.

Dion. Petavii lib. 3. de Angelis cap. 4. num. 1.

Poſt admiſſum qualecumque & quandocumque peccatum ſuum, Dæmones non ſtatim ad ima tartara præcipitatos eſſe, certa ferè veterum eſt fides, qui in aëre ac ſupra terras tantiſper degere illos putant; quidam etiam ſuplicii interim & ignis expertes.

DISCOURS

Discours Préliminaire.

ON n'est point étonné de voir paroître tant de sentimens différens sur les meilleurs écrits, quand on considére combien les hommes different entr'eux, par le goût, l'humeur & la façon de penser. De cette différence vient le grand nombre de ces hommes hardis qui s'érigent en critiques, & juges souverains en tout genre d'écrire, & sur toutes matieres; si on peut les croire ils sont les seuls dépositaires du bon goût. Ils puisent à la source du vrai & du beau, & il n'est accordé qu'à eux de le faire; pour appuyer ce jugement tacite qu'ils portent d'eux-mêmes, ils se déclarent contre tous les Ouvrages que le Public & le commun même des gens d'esprit admirent. Ils exercent une espéce d'inquisition dans la République des Lettres, & y jugent suivant leurs paſſions. Ils ſeroient plus retenus, s'ils ne conſultoient que l'intérêt public pour l'utilité ou l'amuſement duquel on doit toujours écrire, & qu'ils fuſſent perſuadés des talens ſupérieurs & de la droiture qui doivent régler la cenſure judicieuſe; mais quel eſt le Critique qui conſulte ſes forces, & qui ſe propoſe le précepte d'Horace?

Sumite materiam veſtris, qui ſcribitis æquam,
Viribus, & verſate diù quid ferre recuſent,
Quid valeant humeri

Pluſieurs habiles écrivains ont donné des préceptes pour former le goût des Critiques; mais ces préceptes ne peuvent inſpirer les ſentimens & le caractere qui devroient être dans un Cenſeur équitable; ces ſentimens ainſi que ceux de la vertu ne peuvent être d'ailleurs tranſmis que par la nature; c'eſt elle ſeule qui nous en fait le don par les ſemences qu'elle jette dans nos eſprits.

On écarte pour l'ordinaire la droiture, quand il est question de critiquer. Un livre paroît; on en fait cas à Paris & à la Cour, & ce qui est tout dire, les connoisseurs se réunissent pour lui donner leurs suffrages. Un auteur l'achette, & son dessein est formé, avant que de l'avoir lû, pour en faire la critique. Quel motif le peut déterminer au parti qu'il prend, si ce n'est celui de dérober à un adversaire qui lui fait ombrage, les lauriers qu'on lui donne, ou du moins de les partager?

Je ne touche point à ces critiques, qui écrivent uniquement pour vivre, & pour trouver par là un secours moins capable de soulager, que de prolonger leurs miseres; ces auteurs faméliques ne peuvent se réduire au silence, & se payer de raisons. Je reviens donc aux censeurs par goût & par passion.

Si on prioit ces réformateurs du goût public, de mettre dans l'état de perfection qu'ils semblent avoir conçû, un ouvrage qui plaît à tous les gens d'érudition, si ce n'est à eux; il pourroit arriver qu'ils lui enléveroient en le retouchant, ce qui le faisoit admirer; il est du moins certain qu'ils le priveroient de ces graces naturelles, & de ce génie particulier qui distinguent chaque auteur.

La contrariété qui se trouve dans les sentimens qu'on porte sur les ouvrages d'esprit, a été depuis long-tems relevée; elle fait honte à l'esprit humain, dont elle découvre le peu de solidité. Les Tragédies du Cid & de Phêdre, & la Comédie du Misantrope, qui sont trois piéces des plus distinguées de de notre Théâtre, ont trouvé, quand elles ont parû au jour, autant de critiques & d'adversaires, que d'admirateurs. Les sentimens se sont également partagés sur une infinité d'autres écrits que nous estimons aujourd'hui unanimement, & comme entraînés par la foule. Il est étonnant qu'un ouvrage d'esprit, véritablement admirable, ne puiſſe obtenir facilement l'admiration & les ſuffrages de pluſieurs ſçavans, & qu'ils ne ſe rendent enfin qu'à la violence que leur fait le public ! Cela provient de ce que la plûpart de ces ſçavans jugent avec paſſion, & qu'au contraire le public ne péſe les choſes qu'au poids du mérite. Un auteur qui parvient à lui plaire, a rempli, & même ſurpaſſé tous les préceptes pour bien écrire, & ſur leſquels on lui fait enſuite inutilement la guerre.

Un parfait critique doit joindre aux talens que pluſieurs habiles écrivains lui ont déſignés, un goût excellent & ſupérieur, & connoître celui des différentes claſſes de gens d'eſprit. Dégagé de toute complaiſance & prévention, il ne ſe propoſe que l'utilité publique. Son ſçavoir ſur toutes les ſciences le met dans chacune d'elles au deſſus de celui qui en fait une étude particuliere. Il reſpecte dans un ouvrage ce qui eſt bon, & découvre ce que l'auteur auroit pû faire pour réussir encore mieux. Un pareil censeur ressemble peu à l'homme ordinaire, qui cherche en tout son goût & son humeur, & s'accommode difficilement de ceux qui en different ; cependant le vray & le beau qui devroient réunir les sentimens, & qui les partagent, sont indépendans du caprice des hommes, & des différences que mettent dans leurs idées & leurs préjugés, les conditions, les passions, les qualités, les emplois, les inclinations, les études & les jugemens diférents. Ce vrai & ce beau sont les enfans de la nature ; ils se relévent à la fin de l'opression, & rentrent dans leurs droits, que le public protége contre la dépravation du goût, l'envie, la cabale & l'injustice. Cette seule considération peut dédommager les bons auteurs des disgraces qu'ils essuyent.

Naturam expellas furcâ, tamen usque recurret.

Tous les gens de lettre devroient être liés par l'intérêt qu'ils ont de soûtenir mutuellement leur réputation; leur amour propre qu'ils ont consulté en écrivant, & dont les sçavans sont peut-être plus susceptibles que d'autres, y trouveroit son compte. Cette liaison & cet accord feroient aussi beaucoup pour l'honneur des sciences. On est souvent embarrassé pour découvrir les motifs de certains ouvrages qui dégénerent en critiques sanglantes, & en libelles diffamatoires. Deux acteurs y paroissent avoir l'esprit échauffé, ils s'offensent par les termes les plus forts, & ont beaucoup écrit sur la question qui les divise; dequoi s'agit-il dans le principe qui s'est perdu dans une collection d'invectives? De changer différemment un mot ou une sillabe dans le texte grec ou latin, qui forme la dispute, & ce qui est de plus surprenant, le choix est indifférent. Une question de deux mots ne devroit-elle pas se terminer en deux autres?

L'écrivain sensé expose le vrai de la façon qui le peut rendre sensible, utile & agréable ; il laisse au public le soin de le deffendre. Il méprise les traits que la raillerie, l'ignorance & l'envie lui portent. Il sçait qu'il n'est pas en son pouvoir de se garantir des invectives de certains esprits violens, qui censurent par une aveugle manie. Quoique ces esprits profitent souvent de la modération de leurs adversaires, pour perdre tout ménagement à leur égard : cependant l'unique parti que le sage puisse prendre en pareil cas, est de se taire ; il s'écarte s'il entre en lice avec ces furieux.

Zoïle, homme atrabilaire, & qui a marqué la corruption de son cœur & de son goût, par ses critiques aussi injustes, qu'injurieuses, n'a pas épargné Homere ; Virgile ne l'a point été par Philistus, qui osa le traiter de stupide en la présence même d'Auguste. Le public a été le défenſeur de ces grands hommes, & c'eſt à lui qu'ils ont remis le ſoin de protéger leurs écrits. L'Auteur de l'Amuemſent Philoſophique, que je n'entends comparer à ces illuſtres Ecrivains, que par la reſſemblance que ſon ſort a eu avec le leur, a trouvé pluſieurs Zoïles François ; je ne peus les nommer autrement, puiſque leur cenſure dénuée de vérité & de goût, ne renferme que des invectivas conformes à l'eſprit de Zoïle.

Le nom de cet Auteur nous eſt inconnu ; les critiques nous l'ont laiſſé à deviner par ces caracteres, le P. B. Je ſerai auſſi diſcret qu'ils l'ont été à ce ſujet ; cependant je dois ajoûter que Madame la Ducheſſe de Chaulnes, dont le ſuffrage fait honneur aux eſprits du premier ordre, & qui ſeule pourroit leur concilier celui du public, reconnoiſſoit un vrai mérite dans l'auteur que ces critiques ont voulu nous déſigner, & qui eſt le même, à qui la commune opinion a attribué l'ouvrage qu'on remet au jour. Une persone née comme est celle qu'on vient de nommer, pour faire valoir & apprécier le mérite, a droit de décider de son existence, & ne peut s'y tromper. A quoi sert le nom de l'auteur, pour juger du présent qu'il nous a fait ? Cet auteur peut n'être pas celui qu'on a voulu nous désigner ; mais il ne se peut qu'aucun homme d'esprit, & dans tel état que nous puissions le supposer, fut fâché d'être l'auteur de l'Amusement Philosophique.

Les censeurs ont trouvé le sistême débité dans cet ouvrage, peu respectueux pour la religion, & trop hardi. Cette accusation n'a de grave que les termes avec lesquels on la fait valoir ; elle s'évanoüit quand on fait réflexion que ce sistême n'est donné que comme une plaisanterie & une fiction. L'auteur annonce que son discours est du nombre de ceux qu'on hazarde sans preuves, & sans autre dessein que celui d'égayer : C'est un discours (pour me servir encore de ses termes) qu'il dit avoir été tenu par un homme, don l'air sérieux, mêlé de plaisant, faisoit douter s'il étoit lui-même bien persuadé de ce qu'il débitoit. L'auteur pouvoit-il user d'une plus grande précaution? Il en a une particuliere encore, & qui va jusqu'au scrupule, pour ne point étendre la plaisanterie sur ce qui peut intéresser la religion.

M. de Fontenelle n'a point été plus circonspect, en nous donnant son systême de la pluralité des mondes; cependant ce systême seroit plus contraire à la religion que celui du langage des bêtes, si on le dépoüilloit de son correctif, pour ne s'attacher qu'à la suite du raisonnement. Enfin si on veut mal interpréter le systême de M. de Fontenelle, ne peut-on point tirer à son sujet des conséquences moins recherchées, & plus fortes contre la religion, que celles qu'on a tirées sur l'Amusement

Philosophique ? L'auteur de ce dernier ouvrage n'a eu d'autre vuë que celle de combattre l'opinion de Descartes sur les actions méchaniques des bêtes. M. de la Fontaine s'est aussi amusé sur le même sujet, quoique sans aller si loin ; comme sa critique a du raport avec celle de notre auteur, le Lecteur souffrira volontiers qu'on lui remette sous les yeux les vers que ce Poëte inimitable en son genre, a faits pour détruire l'opinion de Descartes.

. . . . . . Ne trouvez pas mauvais,
Qu'en ces Fables . . . j'entremêle des traits
De certaine Philosophie
Subtile, engageante & hardie.
On l'apelle nouvelle. En avez-vous ou non
Oüi parler ? Ils disent donc
Que la Bête est une machine ;
Qu'en elle tout se fait sans choix & par ressorts :
Nul sentiment, point d'ame, en elle tout est corps.
Telle est la Montre qui chemine,
A pas toujours égaux, aveugle & sans dessein.

Ouvrez-la, liſez dans ſon ſein:
Mainte roue y tient lieu de tout l'eſprit du monde.
La premiere y meut la ſeconde,
Une troiſiéme ſuit, elle ſonne à la fin.
Au dire de ces gens la Bête eſt toute telle:
L'objet la frape en un endroit:
Ce lieu frappé s'en va tout droit
Selon nous au voiſin en porter la nouvelle:
Le ſens de proche en proche auſſi-tôt la reçoit.
L'impreſſion ſe fait, mais comment ſe fait-elle?
Selon eux par néceſſité,
Sans paſſion, ſans volonté:
L'animal ſe ſent agité
De mouvemens que le vulgaire appelle
Triſteſſe, joie, amour, plaiſir, douleur cruelle,
Ou quelqu'autre de ces états;
Mais ce n'eſt point cela; ne vous y trompez pas.
Qu'eſt-ce donc? Une Montre. Et nous? C'eſt autre choſe.
Voici de la façon que Deſcartes l'expoſe,
Deſcartes ce mortel dont on eût fait un Dieu
Chez les Payens, & qui tient le milieu
Entre l'homme & l'eſprit, comme entre l'huître & l'homme
Le tient tel de nos gens, franche bête de ſomme.

Voici, dis-je, comment raiſonne cet Auteur.
Sur tous les Animaux enfans du Créateur,
J'ai le don de penſer, & je ſais que je penſe.
Or vous ſavez, Iris, de certaine ſcience,
Que quand la Bête penſeroit,
La Bête ne réfléchiroit
Sur l'objet, ni ſur ſa penſée.
Deſcartes va plus loin, & ſoutient nettement,
Qu'elle ne penſe nullement.
Vous n'êtes point embarraſſée
De le croire ; ni moi. Cependant quand aux bois
Le bruit des Cors, celui des voix
N'a donné nul relâche à la fuyante proie,
Qu'envain elle a mis ſes efforts
A confondre & broüiller la voie,
L'animal chargé d'ans, vieux Cerf, & de dix cors,
En ſuppoſe un plus jeune, & l'oblige par force,
A préſenter aux chiens une nouvelle amorce.
Que de raiſonnemens pour conſerver ſes jours !
Le retour ſur ſes pas, les malices, les tours,
Et le change, & cent ſtratagêmes
Dignes des plus grands chefs, dignes d'un meilleur ſort !
On le déchire après ſa mort ;

Ce sont tous ses honneurs suprêmes.

Quand la Perdrix
Voit ses petits
En danger, & n'ayant qu'une plume nouvelle,
Qui ne peut fuir encor par les airs le trépas,
Elle fait la blessée, & va traînant de l'aîle,
Attirant le Chasseur & le Chien sur ses pas,
Détourne le danger, sauve ainsi sa famille;
Et puis quand le Chasseur croit que son Chien la pille,
Elle lui dit adieu, prend sa volée, & rit
De l'homme, qui confus, des yeux en vain la suit.

Non loin du Nord il est un monde,
Où l'on sait que les habitans
Vivent ainsi qu'aux premiers tems,
Dans une ignorance profonde:
Je parle des humains: car quant aux animaux,
Ils y construisent des travaux,
Qui des torrens grossis arrêtent le ravage,
Et font communiquer l'un & l'autre rivage.
L'édifice résiste, & dure en son entier;
Après un lit de bois, est un lit de mortier:
Chaque Castor agit: commune en est la tâche:
Le vieux y fait marcher le jeune sans relâche.
Maint maître d'œuvre y court, & tient haut le bâton.

La République de Platon,
Ne feroit rien que l'apprentie
De cette famille amphibie.
Ils favent en hiver élever leurs maifons,
Paffent les Etangs fur des ponts,
Fruit de leur art, favant ouvrage;
Et nos pareils ont beau le voir,
Jufqu'à préfent tout leur favoir
Eft de paffer l'onde à la nage.

Que ces Caftors ne foient qu'un corps vuide d'efprit,
Jamais on ne pourra m'obliger à le croire:
Mais voici beaucoup plus : écoutez ce récit,
Que je tiens d'un Roi plein de gloire.
Le défenfeur du Nord vous fera mon garant:
Je vais citer un Prince aimé de la Victoire:
Son nom feul eft un mur à l'Empire Ottoman:
C'eft le Roi Polonois, jamais un Roi ne ment.
Il dit donc que fur fa frontiere
Des animaux entr'eux ont guerre de tout tems:
Le fang qui fe tranfmet des peres aux enfans,
En renouvelle la matiere.
Ces animaux, dit-il, font germains du Renard.
Jamais la guerre avec tant d'art
Ne s'eft faite parmi les hommes,

Non

Non pas même au ſiécle où nous
ſommes.
Corps de garde avancé, vedettes, eſpions,
Embuſcades, partis, & mille inventions
D'une pernicieuſe & maudite ſcience,
Fille du Styx, & mere des Héros,
Exercent de ces animaux
Le bon ſens & l'expérience.
Pour chanter leurs combats, l'Acheron nous
devroit
Rendre Homere. Ah, s'il le rendoit,
Et qu'il rendît auſſi le (1) Rival d'Epicure!
Que diroit ce dernier ſur ces exemples-ci?
Ce que j'ai déja dit, qu'aux Bêtes la nature
Peut par ces ſeuls reſſorts opérer tout ceci;
Que la mémoire eſt corporelle;
Et que pour en venir aux exemples divers,
Que j'ai mis en jour dans ces vers,
L'animal n'a beſoin que d'elle.
L'objet, l'orſqu'il revient, va dans ſon
magaſin.
Chercher par le même chemin
L'image auparavant tracée,
Qui ſur les mêmes pas revient pareillement,
Sans le ſecours de la penſée,
Cauſer un même événement.
Nous agiſſons tout autrement.

(1) *Deſcartes.*

La volonté nous détermine,
Non l'objet, ni l'instinct. Je parle, je chemine :
Je sens en moi certain agent :
Tout obéit dans ma machine
A ce principe intelligent.
Il est distinct du corps, se conçoit nettement,
Se conçoit mieux que le corps même.
De tous nos mouvemens c'est l'arbitre suprême.
Mais comment le Corps l'entend-il?
C'est-là le point : je vois l'outil
Obéir à la main : mais la main, qui la guide?
Eh ! qui guide les Cieux, & leur course rapide ?
Quelqu'Ange est attaché peut-être à ces grands corps.
Un Esprit vit en nous, & meut tous nos ressorts :
L'impression se fait ; le moyen, je l'ignore.
On ne l'apprend qu'au sein de la Divinité ;
Et s'il faut en parler avec sincérité,
Descartes l'ignoroit encore.
Nous & lui, là-dessus, nous sommes tous égaux.
Ce que je sais, Iris, c'est qu'en ces animaux
Dont je viens de citer l'exemple,

Cet eſprit n'agit pas, l'homme ſeul eſt ſon
temple.
Auſſi faut-il donner à l'animal un point,
Que la plante après tout n'a point.
Cependant la plante reſpire:
Mais que répondra-t'on à ce que je vais dire?

Deux Rats cherchoient leur vie, ils trouve-
rent un œuf.
Le dîné ſuffiſoit à gens de cette eſpéce:
Il n'étoit pas beſoin qu'ils trouvaſſent un
Bœuf.
Pleins d'appétit & d'allégreſſe,
Ils alloient de leur œuf manger chacun ſa
part;
Quand un Quidam parut. C'étoit maître
Renard:
Rencontre incommode & fâcheuſe.
Car comment ſauver l'œuf, Le bien empa-
queter,
Puis des pieds de devant enſemble le porter,
Ou le rouler, ou le traîner,
C'étoit choſe impoſſible, autant que hazar-
deuſe.
Néceſſité l'ingénieuſe
Leur fournit une invention.
Comme ils pouvoient gagner leur habitation,
L'écornifleur étant à demi quart de lieue;

L'un se mit sur le dos, prit l'œuf entre ses bras:
Puis, malgré quelques heurts & quelques mauvais pas,
L'autre le traîna par la queue.
Qu'on m'aille soûtenir, après un tel récit,
Que les Bêtes n'ont point d'esprit.

Pour moi, si j'en étois le maître,
Je leur en donnerois aussi bien qu'aux enfans.
Ceux-ci pensent-ils pas dès leurs plus jeunes ans?
Quelqu'un peut donc penser, ne se pouvant connoître.
Par un exemple tout-égal,
J'attribuerois à l'animal,
Non point une raison selon notre maniere:
Mais beaucoup plus aussi qu'un (1) aveugle ressort.

Fables de M. de la Fontaine, *livre* 10. Discours à Madame de la Sabliere.

Les critiques ne maqueront pas d'objecter que M. de la Fontaine n'a rien avancé dans les vers qui ont été raportés, qui milite contre la

(1) Tel que Descartes *l'attribue* à tous les Animaux différens de l'Homme.

religion ; mais qu'ils ont droit de se récrier contre la citation peu sérieuse qui est faite dans l'Amusement Philosophique, de plusieurs passages de l'Ecriture Sainte ; une pareille entreprise est, suivant eux, une témerité & un manque de respect pour cette même Ecriture.

Il est facile de répondre à ces critiques, qui se parent du prétexte specieux de défendre la Religion, pour faire les leçons les plus injurieuses, & qui lui sont le plus opposées ; que l'employ des passages de l'Ecriture Sainte, sur des points essentielles de Foy, ou de morale éxige la gravité & le sérieux dus au sujet ; mais que l'emploi des passages de cette même Ecriture sur des points qui ne touchent ni le fond de la Religion, ni celui de la morale, n'éxige point entiérement autant que dans la premiére hypothese ; sur-tout, quand ces passages toûjours très-respectables ne sont point proposés dans un faux jour, & à dessein d'en tirer des consequences dangereuses. S'il y avoit trop de licence à se servir des passages de l'Ecriture, dans les purs éxercices d'esprit, on banniroit celle qui a lieu sur les bancs de Philosophie & de Théologie; on y soutient des propositions intéressantes pour la Religion, on les apuye des passages de l'Ecriture sainte, & chacun des Disputans, les interpréte en faveur de son sentiment, & souvent dans un sens tout opposé; cependant cette licence est tolérée, ont sçait qu'elle est l'intention de ceux qui la prennent; pourquoi ne pas accorder cette même licence à un Auteur qui s'en sert encore plus innocemment qu'on ne fait en Philosophie & en Théologie, & qui ne l'employe que dans un sujet, où, comme on l'a observé, la Religion & les mœurs ne peuvent être blessés. La censure qu'on a faite pour tirer des conséquences du contraire est sans effet contre l'Auteur du langage des bêtes; elle démontre simplement un défaut de jugement

& de justice de la part des Censeurs. Il n'y a rien qu'ils ne puissent blâmer sur de pareils préjugés. Les meilleures liqueurs s'aigrissent quand vous les versez dans un vaisseau qui n'est pas net.

Sincerum est nisi vas, quodcunque infundis, acessit.

Il reste à répondre aux Critiques qui ont trouvé trop de hardiesse dans la supposition des démons pour animer les corps des Bêtes. On cesse de se formaliser de cette supposition; aussi-tôt qu'on se rapelle qu'elle n'est qu'un jeu d'esprit, & qu'elle nous est annoncée comme telle. Toute fiction paroît hardie, quand elle nous est présentée, parce qu'elle porte notre esprit sur des objets extraordinaires; cependant nous convenons que la fiction, lorsqu'elle est bien employée, contribuë à former & à étendre notre jugement; par le secours de la fiction nous d'écouvrions souvent ce qui eſt vraiſemblable & enſuite ce qui eſt vray. Quoique la fiction ne puiſſe nous conduire ni à l'un ni à l'autre dans certains ouvrages, on ne doit pas néamoins la rejetter; ſurtout ſi elle parvient à amuſer, & que ce ſoit la principale fin de ces mêmes ouvrages, comme elle l'eſt de celui de l'Amuſement Philoſophique, Un écrit qui n'attaque ni la religion ni les mœurs, que l'honnête homme, en écrivant, doit toujours reſpecter, mérite d'être bien reçû, & qu'on paſſe à l'auteur les moyens, quoique nouveaux, qu'il a employés pour plaire; c'eſt dans cette ſeule vuë que notre auteur a ſupoſé des démons qui animent les bêtes; il nous a expliqué ſes intentions, & elles ne nous laiſſent aucun doute à ce ſujet.

Notre auteur a conſidéré la religion, par raport à Dieu, & par raport aux hommes; s'étant attaché à ne la point bleſſer en ce qui touche ces deux points, il a

penſé

pensé qu'il pouvoit exercer son esprit sur les bêtes, pour lesquelles la religion ne prend aucun intérêt ; il en a raisonné de la façon qu'il a jugé être la plus propre pour amuser, & pour combattre les visions de Descartes.

Descartes, habile Mathématicien, Philosophe d'un esprit vaste & pénétrant ; mais présomptueux à tel point, qu'il se fait gloire d'avoir seul tiré le rideau qui dérobe la vérité à notre vuë, & qu'il plaint l'ignorance de tous les anciens Philosophes ; Descartes, dis-je, nous a donné avec confiance son systême sur la nature des bêtes. Elles ne sont, suivant le sentiment de ce Philosophe, que des machines mortes ; leurs mouvemens locaux se font sans aucune connoissance, & de la même maniere qu'ils ont lieu dans une montre par l'unique disposition des parties ; enfin les animaux sont des automates organisés, ils ne se peuvent mouvoir que ſuivant qu'ils y ſont déterminés par les différens corps qui les environnent.

Je formerois un volume, ſi j'entreprenois de rapporter toutes les raiſons que les Philoſophes modernes, plus éclairés & plus ſenſés en ce point que Deſcartes, ont oppoſées à un ſyſtême auſſi éloigné de la vérité que de la raiſon ; pour lui donner quelque poids, on obſerve qu'il faudroit qu'un Cartheſien pût compoſer une machine capable de faire au moins la centiéme partie des actions que nous remarquons dans les bêtes ; que cette machine, qui par exemple repréſenteroit un chien, pût changer de diſpoſition en recevant un coup de bâton, qui lui ſeroit donné ſans un ſujet qui mérite punition ; de maniere que cette machine qui jouoit, folâtroit, & ſe réjouiſſoit, puiſſe ſe cacher, ſe montrer honteuſe, & ne reſpirer que la vengeance ; juſqu'à ce que quelqu'un vienne à la careſſer, ou à lui faire quelqu'autre bien qui lui donne lieu de reprendre sa premiere gayeté.

Cette idée, ou plûtôt ce songe spirituel de Descartes, qu'il nous a débité trop sérieusement, a révolté l'auteur de l'Amusement Philosophique, ainsi que toutes les personnes qui réfléchissent; car comment concevoir que des ressorts seuls président à la prévoyance, à l'adresse, à la finesse, & aux ruses sur lesquelles plusieurs animaux donnent aux hommes des leçons? Comment comprendre que ces ressorts font qu'un chien distingue son maître entre plusieurs personnes, qu'il ne prend jamais le change, qu'il le caresse, qu'il le défend lorsqu'il est attaqué, qu'il lit dans ses yeux, qu'il reçoit ses leçons & les pratique; qu'il fait sentinelle, lorsque ce maître dort en plein champ? Allons plus loin; comment concevoir que ce chien machinal, par l'unique effet des ressorts, porte les aparences de l'attachement au point de rester sur la tombe de son maître, de refuser toute nourriture, & de paroître pénétré d'une vive douleur pendant plusieurs jours, quoique souvent il n'en ait falu qu'un aux enfans du défunt pour se consoler de sa perte? Les Philosophes qui ont prétendu que l'instinct conduisoit mieux les bêtes, que la raison ne conduit les hommes, auroient sans doute souhaité (s'ils eussent imaginé le systême de Descartes) que la nature nous eût accordé de pareils ressorts, si capables de reparer la foiblesse ou le vuide qui se rencontre souvent dans la raison humaine.

Descartes qui aspiroit à la prééminence sur tous les Philosophes, s'est mis au-dessous du plus grand nombre par son systême.

Les Philosophes ont été fort partagés de sentimens sur la nature des bêtes, & sur leurs connoissances.

Plusieurs sectes ont donné aux bêtes la raison en partage. Quelques-uns, comme Plutarque & Porphyre, ont avancé que cette raison étoit égale à celle des hommes; d'autres avec Pythagore, se sont contentés de mettre la raison des bêtes au-dessous de celle des hommes; parce que cette raison dans les bêtes, est assujétie à des organes plus grossiers.

J'entrerois dans un trop grand détail, si j'entreprenois de raporter les sentimens différens, ou plûtôt les erreurs de toutes les sectes sur l'ame des bêtes. Plusieurs sentimens comme ceux des Péripatéticiens, paroîtroient peu intelligibles, & les autres ridicules.

Les Philosophes modernes décident comme ont fait les plus estimables de l'antiquité, que les bêtes n'ont que des ames corporelles, & des connoissances sensitives; qu'elles sont sensibles aux passions de l'amour & de la haîne, du plaisir & de la douleur; que leurs connoissances & leurs désirs sont réglés par un instinct qui est une espéce de jugement naturel, & que cet instinct ne conduit les bêtes, & ne régle leurs actions, que suivant les différentes passions dont elles sont agitées.

L'esprit se révolte sans doute contre la raison que quelques Philosophes attribuoient aux bêtes; mais il ne comprend pas l'instinct que les autres plus reservés ont imaginé. Cet instinct est un être de raison, à la faveur duquel on veut éluder les difficultés sur un sujet obscur.

Les Philosophes, & peut-être les Médecins, semblent décidés, pour ne point rester sans répliques, & pour répondre de façon ou d'autre à toutes les questions, & même sur les matieres qui bornent notre raison; de là viennent ces solutions énigmatiques, qui dégénerent en disputes de mots, & en distinctions inintelligibles.

Descarres animé de cet esprit philosophique, & voulant lever les doutes sur l'ame des bêtes, leur a enlevé cette connoissance qu'on leur accordoit, & dont le plus ou le moins d'étendue faisoit la matiere de la dispute. *Sublatâ causâ, tollitur effectus.* Les bêtes ne connoissent & ne distinguent plus les objets, elles ne sont plus, à proprement parler, susceptibles de plaisir ni de douleur, d'amour ni de haîne; & quoiqu'elles donnent des signes extérieurs de ces passions, elles n'en sont pas plus touchées que le sont des miroirs, lorsquils nous représentent des visages sur lesquels ces mêmes passions sont exprimées.

Comme Descartes étoit habile Mathématicien, il vouloit tout raporter à ses Mathématiques; semblable en cela à ce Musicien de l'antiquité, qui pour faire les honneurs de son art, s'imagina que l'ame n'étoit qu'une espéce d'harmonie.

Il vaut mieux, certainement, pour un esprit sensé, abandonner toutes les définitions qu'on nous donne ſur la connoiſſance des bê-tes, que d'en ſoutenir aucune trop conſtamment; parce qu'aucune de ces définitions ne peut perſuader, & encore moins être éclaircie.

Je n'ai pu me diſpenſer de raporter le ſentiment de Deſcartes ſur la nature des bêtes; puiſque c'eſt ce ſentiment qui a donné lieu à la critique portée par l'Amuſement Philoſophique. Cet ouvrage a plu aux gens de lettres & d'érudition, qui ne cherchent qu'à s'inſtruire ou à s'amuſer utilement; ils ont donné des éloges à la ſolidité du jugement, à l'ordre, à la préciſion & la clarté des idées de ſon auteur; ils ont eſtimé la pureté, l'aiſance & l'élégance de ſon ſtile; les premieres éditions de ce livre, ont été enlevées avec une rapidité qui annonce un égal ſuccès pour celle-ci. Un écrit médiocre expire à la premiere impreſſion; mais celui qui eſt parfait, ſoutient avec le même éclat toutes celles qui doivent le transmettre à la postérité.

Je souhaiterois pouvoir détruire les couleurs que quelques critiques ont employées, pour dénigrer le portrait de l'auteur à qui l'opinion commune a attribué, & peut-être sans fondement, l'ouvrage qu'on remet au jour. Je parviendrois à inspirer l'idée juste qu'on doit avoir de ses mœurs & de sa religion, s'il m'étoit permis de nommer ceux qui formoient ses liaisons les plus ordinaires. Ces hommes & ces sages, que les plus vertueux jugent être ornés des plus solides vertus, d'un esprit distingué, & des qualités qui caractisent les personnes estimables, suivant la religion & le monde même, reconnoissoient, dans cet auteur injustement attaqué, une exacte probité, un naturel obligeant, une humeur douce & égale, un esprit vif & solide, & les différentes qualités, qui font le parfaitement homme. Il a fait plusieurs ouvrages qui répondent à la réputation qu'il s'eſt acquiſe, entr'autres un fort eſtimé ſur la Paix de Munſter. Ce portrait ne fera impreſſion que ſur les eſprits qui cherchent le vrai ; il ne peut toucher ceux qui prévenus par de fauſſes maximes, & des raports calomnieux, ſemblent s'être engagés à être toûjours contraires à des perſonnes qu'ils eſtimeroient, ſi elles leur étoient connuës. Ils leur imputent des ouvrages qu'elles déſavouent, ou empoiſonnent ce qu'il y a de plus innocent dans les écrits qui partent réellement d'elles. L'effet ou le malheur ordinaire attaché au mérite éminent, eſt d'attirer l'envie, & la calomnie qui manque rarement de la ſuivre. Tout juge impartial conviendra que la vertu ne peut ſe montrer dans un plus beau jour & plus utilement, qu'elle le fait dans ces mêmes perſonnes qui ont des ſentimens ſains & incorruptibles, qui ſacrifient leurs veilles, & leurs ſantés pour former des ſujets capables de concourir au soutien de la religion & de l'Etat, & de servir à la gloire de notre Roi. Ces jeunes sujets aprennent de bonne heure à cette école, que ce Monarque, par les qualités héroïques de l'ame & du cœur, n'est pas moins le premier homme, que le premier Roi de l'Europe. On reconnoît facilement à ces traits la société dont j'entens parler. C'est la plus foible marque que je puisse lui donner de ma reconnoissance & de mon respect. Plusieurs plumes plus habiles, & non plus véridiques que la mienne, peuvent en porter le même témoignage, & en faire un éloge qui est fort au-dessus de mes forces.

Il y a peu de personnes qui prennent la cause des gens vertueux, quand ils sont opprimés; cependant chacun fait gloire d'estimer la vertu. On croit peut-être trouver dans l'oppression des vertueux le foible de la vertu, quoiqu'il ne soit que celui de notre cœur. Cette conduite justifie la fortune chimérique, des fautes que nous faisons, & que cependant nous lui imputons. Nous lui attribuons le malheur trop ordinaire de voir l'homme de mérite peu heureux ou opprimé. Considérons que cet homme livré aux traits de l'envie, demeure sans défenses & sans apui ; que nous croyons lui avoir fait assez de justice, quand nous observons la neutralité à son égard, & que nous ne conspirons point contre lui avec ses adversaires; mais que nous trahissons la vertu par cette inaction. J'avoue qu'elle se reléve à la fin des coups qu'on lui porte ; elle prouve qu'elle n'est point qu'un vain nom, comme l'ont prétendu quelques-uns de ses adversaires, ou de ses déserteurs. Le tems vient auquel l'envie, la calomnie & l'oppression expirent ; l'homme de mérite disparoît & n'est plus. Sa mémoire survit & le retrace dans nos esprits ; nous plaignons son sort & sa perte, la vertu est vengée ; cependant, pour ce qui est de nous ; convenons que rendre si tard justice aux gens vertueux, c'est moins estimer la vertu, que courir après son ombre.

Les meilleurs ouvrages d'esprit ont leurs adversaires, ainsi que la vertu à les siens. On n'accorde aux grands hommes qui les ont faits, les lauriers qui leur sont dus, qu'après que la mort les a couverts de cyprès. Pendant que ces auteurs vivent, on ne se contente pas de les censurer sur les pensées, le plan & le stile de leurs écrits ; on perce jusqu'à la personne de l'écrivain, on attaque ses mœurs, & on lui supose les vices qui peuvent le rendre odieux ou ridicule ; sans considérer que la conduite qu'on tient à son égard, nous expose à être traités à notre tour de la même maniere.

At nos virtutes ipsas invertimus, atque
Sincerum cupimus vas incrustare. . . .

Quam temerè in nosmet legem sancimus iniquam.
Nam vitiis nemo sine nascitur : optimus ille est
Qui minimis urgetur.

HOR.

Je finis par une autre pensée du même Poëte, qui étoit un critique fin & délicat, mais judicieux & modéré ; en souhaittant que ceux qui liront ceci, veuillent bien aprouver ma morale, ou qu'il leur plaise de me découvrir la leur, si elle lui est préférable.

. . . Si quid novisti rectius istis
Candidus imperti, si non, his utere mecum.

FAUTES D'IMPRESSION.

Epitre. Pag. 5. lig. 4. *répondent*. lisez *répond*.
Amusemement. P. 35. l. 23 *Charretier*. lis. *Chartier*.
Id. p. 37. l. 12. *obligés*. lis. *obligé*.
Id. p. 86. l. 16. *se sont*: lis. *ce sont*.
Id. p. 94. l. 17. *l'Affrique*. lis. *l'Afrique*.
Id. p. 111. l. 24. *sepéce*. lis. *espéce*.
Id. p. 123. l. 2. *Josephe*. lis. *Joseph*.
Critique P. 19. l. 2. *Metempsichose*. lis. *Metempsicose*.
Id. p. 22. vers 7. *cærulcos*. lis. *cæruleos*.
Id. p. 39. l. 8. de la note. *Philophie*. lis. *Philosophie*.
Id. p. 47. vers 11. *non manibus*. lis. *mœnibus*.
Id. p. 50. & derniere, l. 5. de la note. *male veram*. lis. *malè verum*.

AMUSEMENT PHILOSOPHIQUE SUR LE LANGAGE DES BESTES.

A Mad. la Duchesse de Chaulnes.

UE vous êtes séduisante, Mad... & que vous connoissez bien tout l'empire que vous avez sur moi! Il ne m'est échapé qu'une fois de dire dans un de nos Entretiens Philosophiques que je croyois que les Bêtes parloient & s'entendoient fort bien entr'elles. Tout autre que vous auroit écouté ce propos comme un de ces discours que l'on hazarde sans preuve, & sans autre dessein que d'égayer la conversation. Mais vous me connoissez, dites-vous ; & quoique la proposition ait tout l'air d'une plaisanterie, il vous plaît d'assurer que je ne l'ai point avancée au hazard : vous voulez que je la traite sérieusement, & que je vous rende compte des raisons qui m'ont persuadé. Je ne sçais si dans toute autre circonstance je pourrois me résoudre à vous obéir, quelque envie que j'aye de vous plaire ; car vous sçavez que je n'ai guéres le loisir de me distraire par des dissertations amusantes. Heureusement me voici enfin à la campagne. J'ai laissé à la ville jusqu'au souvenir des occupations peu divertissantes dont vous me plaignez quelquefois. Il me semble que je regne ici sur toute la nature ; dans un séjour délicieux & un cercle d'amusemens dont la variété prévient le dégoût, & que je partage avec une société charmante. A ce seul trait vous devinerez aisément que je suis à C.... Puisque pour rendre les plaisirs plus vifs, il faut, disent les Maîtres de volupté, en interrompre la continuité par quelque occupation legere, que puis-je faire de mieux, que de satisfaire votre curiosité ? L'amour propre, comme vous voyez, se retrouve par tout ; & j'aurai moins de mérite que de plaisir à vous obéir. Mais nous ne comptons point ensemble, & pourvû que vous soyez contente de mon travail, je m'imagine que vous me pardonnerez sans peine d'y avoir cherché mon propre amusement.

Vous me demandez donc si je crois sérieusement que les Bêtes parlent. Oui, Mad..... je crois très-sérieusement que les Bêtes parlent & s'entendent entre elles tout aussi-bien que nous & quelquefois mieux. Votre curiosité n'est-elle pas satisfaite ? Non ; vous voulez sçavoir quelles sont mes raisons. Ce second point n'est pas si facile à résoudre. Si j'étois avec vous en conversation familiere, je vous dirois que la raison qui me persuade que les Bêtes parlent, c'est que M. R. parle. Vous ne manqueriez pas d'ajouter Mad. d'H. & cette bouffonnerie nous feroit peut-être rire ; mais quand on écrit il faut respecter ses Lecteurs. Je ne vous dirai pas non plus qu'autrefois le Serpent eut avec Eve, une conversation suivie, & que l'Anesse de Balaam a parlé. Il seroit encore plus inutile de vous raporter la fable des Chevaux d'Achille. Vous me répondriez que de ces événemens, les uns sont surnaturels, les autres fabuleux, qui par conséquent ne prouvent rien dans l'ordre de la nature. Je vous entends. Cherchons donc dans la nature même les preuves de mon opinion. N'attendez cependant pas de moi des découvertes merveilleuſes. Vous ſerez peut-être toute étonnée de voir que vous croyez déja vous-même tout ce que je penſe ſur cela, & que je ne ferai que vous développer des idées & un ſentiment confus que vous n'avez pas aſſez approfondi. Mais il faut établir quelques préliminaires ; & je crains que l'acceſſoire ne ſoit auſſi long que le principal, ce qui eſt une faute capitale contre les regles d'une compoſition exacte. Mais qu'importe, pourvû que le tout vous amuſe ! Les Bêtes ont-elles de la connoiſſance ? Si elles connoiſſent, elles parlent. Mais comment parlent-elles ? Voilà les trois points de cette eſpéce de diſſertation.

I.

DE LA CONNOISSANCE DES BESTES.

LES Bêtes ont-elles de la connoiſſance ? je ſuis perſuadé que ſur cette queſtion vous n'héſiterez ſeulement pas. Deſcartes aura beau vous dire que les Bêtes ſont des machines : qu'on peut expliquer toutes leurs actions par les loix de la méchanique : qu'avant lui, & dès le temps de ſaint Auguſtin, quelques Philoſophes ont eu à peu près la même idée. Vous avez une chienne que vous aimez, & dont vous croyez être aimée. Je défie tous les Cartéſiens du monde de vous perſuader que votre chienne n'eſt qu'une machine. Comprenez, je vous prie, le ridicule qui en réſulteroit pour tout ce que nous ſommes qui aimons des chevaux, des chiens, des oiseaux. Représentez-vous un homme qui aimeroit sa montre comme on aime un chien, & qui la caresseroit parce qu'il s'en croiroit aimé au point que quand elle marque midi & une heure, il se persuaderoit que c'est par un sentiment d'amitié pour lui, & avec connoissance de cause qu'elle fait ses mouvemens. Voilà précisément, si l'opinion de Descartes étoit vraie, quelle seroit la folie de tous ceux qui croyent que leurs chiens leur sont attachés & les aiment avec connoissance & ce qu'on appelle sentiment.

J'avouë que si le systême de Descartes étoit appuyé sur des preuves solides, cette conséquence ne suffiroit pas pour le réfuter. Il faudroit plaindre les hommes d'être livrés à une illusion si grossiére; mais le vrai demeure toujours vrai, quoiqu'en puisse souffrir notre amour propre. Heureusement le sentiment de ce Philoſophe n'eſt fondé que ſur de ſimples poſſibilités. Dieu, dit-il, a pû faire les Bêtes de ſimples machines. Il n'eſt pas impoſſible qu'il l'ait fait. Je puis expliquer toutes leurs actions par les loix de la méchanique. Il y a même quelques-unes de ces actions qui ſemblent exclure tout autre principe. Donc j'ai lieu de croire que les Bêtes ſont des machines. Raiſonnement défectueux, comme vous voyez. Car du fait au poſſible la conſéquence eſt certaine; mais du poſſible au fait la conſéquence eſt hazardée, incertaine & téméraire. C'eſt une pure ſuppoſition; un château de cartes dont on peut s'amuſer, mais qui n'a rien de ſolide.

Je dis plus. Il y a quelque choſe en nous qui ſe joint à la raiſon pour bannir de la ſociété l'opinion de Deſcartes. Ce n'eſt pas un ſimple préjugé; c'eſt une perſuaſion intime; un ſentiment dont voici l'origine. Il n'eſt pas impoſſible que les hommes avec qui je vis, qui me parlent, qui me répondent, qui raisonnent & qui agissent avec moi, ne soient que des machines. Car je sçais que je pense & que j'ai dans moi un principe qui pense & qui connoît; mais je ne sçais pas de même ce qui se passe dans l'intérieur des autres hommes; & on ne peut refuser à Dieu le pouvoir de faire des hommes qui n'en eussent que l'apparence & tout le jeu, quoiqu'ils ne fussent dans le fond que de pures machines. Cependant malgré la vérité de ce principe, il me seroit absolument impossible de me persuader sérieusement, à moins que Dieu ne m'en fit une révélation expresse, que les hommes avec qui je vis ne sont en effet que des machines faites pour me donner du secours ou de l'embarras, du plaisir, ou du tourment. Pourquoi? C'est que quand je vois quelqu'un parler, raisonner & agir comme moi, je ne sçais quel sentiment intime ſe joint au bon ſens & à la raiſon pour me forcer de croire que l'homme que je vois, a dans lui-même un principe de connoiſſance & d'opérations tout ſemblable au mien. Or les Bêtes ſont, par raport à nous, dans le même cas. Je vois un chien accourir quand je l'appelle; me careſſer quand je le flatte; trembler & fuir quand je le menace; m'obéïr quand je lui commande; & donner toutes les marques extérieures de divers ſentimens, de joye, de triſteſſe, de douleur, de crainte, de déſir, des paſſions, de l'amour & de la haine. Je conclus auſſi-tôt qu'un chien a dans lui-même un principe de connoiſſance & de ſentiment, quel qu'il ſoit. Quelqu'effort que je faſſe pour me perſuader que ce n'eſt qu'une machine, & quand tous les Philoſophes de l'Univers entreprendroient de m'en convaincre, je me ſens entraîné par une perſuaſion intime, par je ne ſçais quelle force interieure à croire le contraire; & c'eſt ce ſentiment qui s'oppoſera éternellement dans les hommes à l'opinion de Deſcartes. Auſſi eſt-il vraiſemblable que ce Philoſophe qui avoit un génie ſi ſupérieur, n'a adopté un ſyſtême ſi peu conforme à nos idées que comme un jeu d'eſprit, & dans la ſeule vûë de contredire les Peripateticiens, à qui il avoit déclaré la guerre, & dont en effet le ſentiment ſur la connoiſſance des Bêtes n'eſt pas ſoutenable.

Ces Meſſieurs qui, ſuivant les principes obſcurs de leur Philoſophie inintelligible, donnoient à des corps une forme ſubſtantielle, matérielle, diſtinguée de la matiere, & qui étoit dans eux le principe de toutes leurs opérations, n'avoient garde de refuſer aux Bêtes une ſemblable forme. Comme ils avoüoient d'ailleurs que les Bêtes ſentoient, connoiſſoient & agiſſoient avec connoiſſance & ſentiment, ils leurs auroient volontiers donné une ame ſpirituelle comme à l'homme ; mais les principes de la Religion Chrétienne ne le permettoient pas. En effet, ſi les Bêtes avoient une ame ſpirituelle, leur ame ſeroit donc immortelle & libre ; elles ſeroient capables de mériter ou de démériter ; dignes de récompenſe ou de châtiment : il leur faudroit un Paradis & un Enfer. Les Bêtes ſeroient donc une eſpece d'Homme, ou les Hommes une eſpéce de Bêtes ? Toutes conſéquences inſoutenables dans les principes de la Religion. Les Peripateticiens ainſi contraints de ſe borner à leur forme ſubſtantielle materielle, pour éviter un inconvénient, retomboient dans une autre ; car ils étoient conſéquemment forcés de dire que cette forme ſubſtantielle étoit dans les Bêtes le principe de leur connoiſſance & de leurs actions : ſentiment abſurde, s'il en fût jamais, dans les principes établis de la Philoſophie &

de la Religion. Car nous ne connoissons dans la Philosophie établie que deux substances : l'une pensante, sentante, connoissante & raisonnante ; c'est l'esprit. L'autre étenduë, divisible, mobile, pouvant occasionner des sentimens & des connoissances par l'union de l'esprit avec elle, mais absolument incapable de sentir elle-même & de connoître ; c'est la matiere. De là on apperçoit d'un coup d'œil toutes les contradictions qui suivent nécessairement de l'opinion des Peripateticiens : une forme substantielle qui n'est ni esprit, ni matiere : quelque chose qui connoît & qui n'est point esprit : une forme substantielle & materielle qui n'est point matiere ; & enfin des sentimens & des connoissances materielles : principe extrêmement dangereux, dont les incrédules pourroient s'armer pour combattre la spiritualité de notre ame. N'est-il pas étonnant qu'une opinion si monſtrueuſe ait ſi long-tems regné dans les Ecoles Chrétiennes ?

Quelques Philoſophes ont prétendu la rectifier. Pourquoi, diſent-ils, ne reconnoître dans l'Univers que deux ſubſtances, l'eſprit & la matiere ? Dieu n'a-t-il pas pû créer une ſubſtance mitoyenne entre l'une & l'autre, inférieure à l'eſprit & ſupérieure à la matiere, incapable de raiſonner, mais capable de ſentir & de connoître ? En effet on ſeroit d'abord tenté de le croire, & vous peut-être toute la premiere ; mais ne vous y fiez pas, Mad. . . . . vous retomberiez tout à la fois dans l'incertitude du ſentiment de Deſcartes & dans l'obſcurité de l'opinion Peripateticienne. Car 1o. ce ſyſtême n'eſt qu'une pure ſuppoſition ſans preuve & ſans fondement. 2o. Quelle idée peut-on ſe former d'une ſubſtance qui n'eſt ni eſprit, ni matiere ? Il eſt évident que par rapport à nous qui ne connoiſſons que l'un ou l'autre, une substance mitoyenne est une chimere ; un être de raison dons nous n'avons ni idée ni sentiment. Eh ! que sçavons-nous si ce qui n'est, par rapport à nous qu'une chimere, ne l'est point en effet en soi, & dans la nature même ? S'il l'est en soi, Dieu n'a pû le créer, parce qu'il ne peut pas faire un être de raison. Or qui est-ce qui nous éclaircira un doute si légitime ?

Un ancien Auteur dont les ouvrages sont recueillis parmi ceux des Saints Peres, Firmien Lactance, s'expliquoit plus franchement. Il prétendoit que Dieu avoit donné l'usage de la raison à tout ce qui respire ; mais aux Bêtes seulement pour conserver leur vie, sans aucun devoir de Religion ; aux hommes pour acquerir l'immortalité & un bonheur éternel par la pratique d'un culte religieux. Quelle idée ! Sans doute Firmien ne voyoit pas que supposer une ame raisonnable, &

par conséquent spirituelle, sans aucun devoir de Religion, c'étoit sapper par les fondemens la loi naturelle & toute Religion; dégrader l'ame spirituelle; détruire l'immortalité qu'elle a de sa nature, & nous rapprocher des Bêtes en voulant les rapprocher de nous.

Je ne fais, comme vous voyez, qu'effleurer les systêmes, dans la crainte que j'ai de vous ennuyer par des raisonnemens détaillés; mais voilà pourtant tout ce que la Philisophie nous apprend sur la connoissance des Bêtes. Que l'esprit humain est borné! direz-vous, que ses lumieres sont courtes! que ses ténébres sont profondes! Cela fait trembler. Nous sçavons que nous existons & que nous pensons. Nous voyons des faits: nous connoissons l'existence de mille choses; mais dès qu'on nous demande le comment & le pourquoi, nous nous égarons dans de frivoles conjectures, dans de fausses

ſes ſuppoſitions : nous nous étourdiſſons de mille vains raiſonnemens, qui, loin de nous éclairer, ne ſervent communément qu'à étouffer le peu de lumiére que le ſens commun nous avoit donné. Nous ne nous comprenons pas nous-mêmes, comment pourrions-nous comprendre la nature des Bêtes & de tout ce qui eſt hors de nous ?

Faites une choſe, croyez-moi, allez-vous-en aux Indes, à la Chine ou au Japon, & là vous trouverez des Philoſophes Païens, Déiſtes ou Athées, qui raiſonneront, ſinon avec plus de lumiére, du moins avec plus de liberté. L'un vous dira que les Dieux ont créé diverſes eſpéces d'eſprits ; les uns plus parfaits, tels que les génies bons & mauvais ; les autres moins parfaits qui ſont les hommes, & d'autres beaucoup plus imparfaits qui ſont les Bêtes. L'autre vous ſoutiendra que la diſtinction de l'eſprit &

de la matiere est une distinction chimérique qu'on ne sçauroit démontrer : qu'il ne voit aucun inconvénient à croire qu'il n'y a qu'une seule substance que vous appellerez du nom qu'il vous plaira : que cette substance a dans les Bêtes, comme dans les Hommes, une organisation, une modification, un mouvement, quelque chose enfin qui fait qu'elle pense plus ou moins parfaitement : & ces Messieurs ne connoissant ni les principes de la Religion Chrétienne, ni l'autorité de l'Eglise, il vous faudra pour les attaquer dans leurs retranchemens, ou commencer par les faire Chrétiens, ou remonter à des principes Métaphysiques fort difficiles à débroüiller. Mais je me flatte que vous vous épargnerez le voyage, & que vous aimerez mieux vous en tenir, comme moi, au grand principe qui est de dire : Tous ces systêmes sont contraires à la Religion Chrétienne. Dès-là ils sont absolument faux.

Consolez-vous, Mad.... en voici un autre qui n'a rien de commun avec tous ceux que je viens de vous exposer. C'est un systême tout neuf qui vous divertira du moins par sa singularité, & que je vais vous rendre d'après l'Auteur lui-même à qui je l'entendis débiter, il y a quelque tems dans une compagnie, avec un air sérieux, mêlé de plaisant, qui faisoit douter s'il en étoit lui-même bien persuadé.

Tout le monde, disoit-il, convient que les Bêtes connoissent. Elles ont donc une ame. Mais cette ame est-elle matiere ou esprit? Il faut qu'elle soit l'une ou l'autre, & vous n'osez cependant dire ni l'un ni l'autre. Vous n'osez avancer qu'elle est matiere, puisqu'il faudroit supposer que la matiere peut connoître. Direz-vous que c'est un esprit? Non. Ce sentiment entraîne des conséquences contraires aux principes de la Religion. Eh bien, ajouta-t-il, je vais lever toutes ces difficultés. Apprenez que les Bêtes ont une ame ſpirituelle comme la nôtre, & que ce ſentiment, loin de contredire les principes de la Religion, y eſt tout-à-fait conforme ainſi qu'à la raiſon. Vous jugez bien que ce début attira notre attention. Toute la Compagnie ſoûrit, peut-être malignement; & dans l'impatience où nous fûmes de connoître le nouveau ſyſtême, il ſe fit un grand ſilence. L'Autenr continua ainſi.

La raiſon, dit-il, nous porte naturellement à croire que les Bêtes ont une ame ſpirituelle; & la ſeule cauſe qui s'oppoſe à ce ſentiment, ce ſont les conſéquences que l'on en tireroit, & entr'autres celles-ci: que les hommes ne differeroient des Bêtes que du plus au moins: ce qui ruineroit les fondemens de toute Religion. Donc, ajouta-t-il, ſi je puis éluder toutes ces conséquences; si je puis donner aux Bêtes une ame spirituelle sans interresser les Dogmes de la Religion, il est évident que mon systême, étant d'ailleurs le plus conforme à la raison, est l'unique systême recevable.

Or je le puis, & je le fais le plus aisément du monde. Je trouve même le moyen d'expliquer par la même voye plusieurs passages fort obscurs de l'Ecriture Sainte, & de résoudre de grandes difficultés ausquelles on ne répond pas bien. C'est ce qu'il faut développer plus en détail.

La Religion nous apprend que les démons ont été réprouvés du moment qu'ils ont péché, & qu'ils sont condamnés à brûler éternellement dans l'enfer. Mais l'Eglise n'a pas décidé qu'ils souffrent dès à présent le suplice auquel ils sont condamnés. On peut donc croire qu'ils ne le souffrent pas encore, & que l'exécution de la sentence portée contr'eux est réservée au jour du Jugement dernier. Il n'en est pas ainsi des ames des hommes. Car l'Eglise a décidé que nos ames sont jugées au moment de leur séparation d'avec le corps, & que la sentence est exécutée dans le moment; de sorte que ceux qui meurent dans la disgrace de Dieu sont plongés à l'instant dans les flammes de l'enfer : mais l'Eglise n'a rien décidé de semblable des Démons. Il est vrai qu'on se le persuade assez communément, & qu'il y a une infinité de personnes, à qui il n'est pas même venu en pensée d'en douter. Mais par la raison même qu'on le croit sans réflexion & sans examen, cette opinion n'étant d'ailleurs appuyée ni sur l'Ecriture, ni sur l'autorité des Saints Peres, ni sur aucune décision, ne fait point dans l'Eglise une tradition à laquelle on soit obligé de se soumettre, d'autant plus que mon sentiment n'est point absolument nouveau, & que je pourrois citer quelques Auteurs qui l'ont insinué, entr'autres un Ecrivain Ecclésiastique, Victor, Prêtre d'Antioche, qui l'a formellement publié dans ses ouvrages.

Or apprenez, Mad... que pendant que l'Auteur s'expliquoit ainsi, un Abbé Docteur, qui étoit présent, homme d'esprit, mais vif dans la dispute & prévenu de ses principes, grommeloit tout bas entre ses dents d'un air de mécontentement que l'Auteur n'eut pas de peine à appercevoir. Qu'avez-vous, Monsieur, lui dit-il? Vous ne paroissez pas content. Non, sans doute, répondit le Docteur, car votre proposition est formellement hérétique. C'est ce qu'il faut prouver, répliqua l'Auteur. Rien de plus aisé, répartit le Docteur; & je le ferai par l'autorité des Auteurs Scholastiques & des Saints Peres. Oh? pour cela non, dit la Dame chez qui nous étions. C'est ce que vous ne ferez pas, du moins dans ce moment. Nous ſommes curieux de ſçavoir le nouveau ſyſtême. Il faut, s'il vous plaît, l'entendre juſqu'à la fin, & enſuite vous diſputerez tant qu'il vous plaira ſur vos Scholaſtiques & vos Saints Peres. La Dame fut obéïe, & l'Auteur continua.

Lorſque j'avance, dit-il, que les Démons ne ſouffrent point encore les peines de l'enfer, ſi c'étoit une ſuppoſition gratuite, comme la méchanique de Deſcartes, ou la ſubſtance mitoyenne que d'autres Philoſophes ont imaginée, on ſeroit en droit de rejetter ma ſuppoſition & je ne perſuaderois perſonne. Mais que M. l'Abbé écoute, s'il lui plaît, les preuves ſur leſquelles ma propoſition eſt appuyée. C'eſt un article de la foi que le Démon nous tente pour nous porter au péché : qu'il nous tend des piéges pour nous faire tomber : qu'il rode ſans ceſſe autour de nous, ſuivant l'expreſſion de Saint Pierre, re, pour trouver l'occasion de nous dévorer : il nous remplit l'esprit de mauvaises suggestions : il s'empare des corps : & lorsqu'il s'en est une fois mis en possession, ce n'est point toujours par des fureurs qu'il fait sentir sa présence. Il rit quelquefois ; il chante ; il se plaît à embarrasser les Ministres de l'Eglise qui le veulent chasser : il raisonne du plus grand sang froid, comme lorsqu'il tenta Jesus-Christ dans le désert, & qu'il séduisit Eve dans le Paradis Terrestre. Or représentez-vous quelqu'un dans l'enfer tel que la foi nous le dépeint, pénétré dans toute sa substance, dévoré, consumé d'un feu dont la vivacité passe tout ce que l'on peut imaginer, & concevez si un homme, si un esprit dans cet état, peut s'occuper de quelqu'autre chose que de l'effroyable tourment qu'il endure. Dites-moi qu'il est transporté de fureur, & que tous ses momens sont remplis par de nouveaux accès de rage & de désespoir, je le conçois nécessairement. Mais qu'il ait le loisir de songer à nous tenter & à ruser avec nous, c'est ce qui est incompréhensible; & il faudroit conclure, ou que les démons ne nous tentent pas, ou que les tourmens de l'enfer ne sont pas aussi grands qu'on nous les représentent: deux conséquences également contraires à la foi. Concluons donc que les démons ne sont point encore livrés aux tourmens.

Je sçais ce que disent nos Théologiens, que les démons portent par tout avec eux leur enfer, & j'en conviens. Je ne crois pas même qu'il soit permis d'en douter. Mais expliquons-nous. Pour qu'il soit vrai de dire que les démons portent par tout avec eux leur enfer, faut-il qu'ils en souffrent dès-à-présent les tourmens? Non. Il suffit qu'ils y soient condamnés par un arrêt irrévocable dont ils portent par tout la honte & les premiers effets, comme je l'expliquerai dans un moment. Ne dirions-nous pas d'un scélérat dont on suspendroit le supplice pour lui faire traîner quelques jours d'une vie misérable & ignominieuse, qu'il porte par tout avec lui la rouë sur laquelle il doit expirer. C'est ainsi que les démons portent par tout avec eux leur enfer. Leur arrêt est prononcé sans aucune espérance de grace; ils sont condamnés sans retour; ils en portent par tout la flétrissûre éternelle; ce souvenir affreux ne les quitte point; & par conséquent ils portent par tout avec eux leur enfer, c'est-à-dire l'idée de l'enfer qui les attend. Mais nous avons tout lieu de croire qu'ils n'en souffrent pas encore les supplices réels.

Eh! pourquoi ne le croirions-nous pas, si l'Ecriture Sainte le dit formellement? J'en fais Juge M. l'Abbé lui-même. Dans la sentence que Jesus-Christ prononce d'avance contre les réprouvés, comment s'exprime-t-il? *Allez Maudits au feu éternel qui est* préparé *au Diable & à ses Anges.* Il ne dit pas que le Diable & ses Anges brûlent dès-à-présent dans ce feu. Il dit seulement que ce feu leur est *préparé* & les attend au dernier jour qui sera le commencement de leurs tourmens. Cela est conforme à cet autre endroit de l'Evangile où les démons chassés par Jesus-Christ, se plaignent à lui-même de la peine qu'il leur faisoit, en les chassant du corps des possédés. *Pourquoi*, lui disoient-ils, *êtes-vous venu nous tourmenter avant le tems?* Quel sens raisonnable peut-on donner à cette expression si les démons souffrent dès-à-présent le supplice de l'enfer? Le mal que Jesus-Christ leur faisoit, en les chassant, étoit certainement trop leger en comparaison de leurs tourmens pour mériter leurs plaintes; mais ne devant commencer à ſouffrir le feu de l'enfer qu'au dernier jour, ils ne laiſſoient pas d'être en attendant ſenſibles à des peines beaucoup moindres ; & ils croyoient avoir quelque ſujet de ſe plaindre de ce que Jeſus-Chriſt les tourmentoit avant ce tems marqué par la juſtice Divine. Voulez-vous quelque choſe de plus déciſif encore ? C'eſt ce que dit S. Jude dans ſon Epître : Que *Dieu retient liés de chaines éternelles dans de profondes ténebres*, & réſerve pour le jugement du grand jour les *Anges qui n'ont pas conſervé leur premiere dignité.* Il eſt évident que les premiers mots de ce paſſage ſont métaphoriques, & que par ces *chaînes éternelles* il faut entendre l'arrêt irrévocable que Dieu a porté contre ces eſprits rebelles ; & que *les profondes ténebres* ſignifient l'abîme d'humiliation où leur péché les a plongés ; mais les autres paroles du texte ſont ſi claires & ſi préciſes qu'on ne peut leur donner aucun autre ſens raiſonnable que celui qui eſt conforme à mon ſentiment. Je pourrois peut-être me prévaloir encore de quelques autres textes de l'Ecriture Sainte; mais je me flatte que ceux que je viens de citer ſuffiſent pour convaincre tout homme qui n'eſt point entierement livré à ſes préjugés.

Je ne ſçaurois, Mad.... exprimer tout ce que le Docteur ſouffrit pendant cette expoſition de l'Ecriture Sainte. Il voulut encore interrompre l'Auteur, & ſoutint qu'on pouvoit expliquer ces paſſages tout autrement; mais on le contraignit une ſeconde fois de ſe taire: on pria l'Auteur d'apprendre à la Compagnie ce qu'il prétendoit enfin conclure de tout ce qu'il venoit de dire; car on ne voyoit point encore aſſez clairement où tout ce préambule tendoit. Ce que je prétends conclure, dit-il, c'eſt qu'en attendant le jour du Jugement dernier, Dieu pour ne pas laisser inutiles tant de légions d'esprits réprouvés, les a répandus dans les divers espaces du monde pour servir aux desseins de sa Providence & faire éclater sa toute-puissance. Les uns laissés dans leur état naturel s'occupent à tenter les hommes, à les séduire, à les tourmenter; soit immédiatement, comme le Démon de Job, & ceux qui s'emparent des corps humains; soit par le ministere des Sorciers & des Revenans. Ce sont ces Esprits malfaisans que l'Ecriture appelle les *Puissances des ténébres* & les *Puissances de l'air*. Des autres Dieu en a fait des millions de Bêtes de toute espéce qui servent aux usages de l'homme, qui remplissent l'Univers, & font admirer la sagesse & la toute-puissance du Créateur. Par ce moyen, ajouta-t-il, je conçois sans peine comment d'une part les Démons peuvent nous tenter, & de l'autre comment les Bêtes peuvent penser, connoître, sentir & avoir une ame spirituelle, sans interresser les dogmes de la Religion. Je ne suis plus étonné de leur voir de l'adresse, de la prévoyance, de la mémoire, du raisonnement. J'aurois plutôt lieu d'être surpris qu'elles n'en ayent pas davantage, puisque vraisemblablement leur ame est plus parfaite que la nôtre; mais j'en découvre la raison. C'est que dans les Bêtes, comme dans nous, les opérations de l'esprit sont assujetties aux organes matériels de la machine à laquelle il est uni; & ces organes étant dans les Bêtes plus grossiers & moins parfaits que dans nous, il s'ensuit que la connoissance, les pensées & toutes les opérations spirituelles des Bêtes doivent être aussi moins parfaites que les nôtres. Et si ces esprits superbes connoissent leur état, quelle humiliation pour eux de se voir ainſi réduits à n'être que des Bêtes ! Mais ſoit qu'ils le connoiſſent ou non, une dégradation ſi honteuſe, eſt toujours pour eux ce premier effet de la vangeance divine dont j'ai parlé. C'eſt un enfer anticipé.

Ici une Dame fort aimable que ce diſcours impatientoit ne pût s'empêcher d'interrompre l'Auteur du nouveau ſyſtême : Monſieur, lui dit-elle, avec beaucoup de vivacité, il m'importe fort peu que les Diables ſoient humiliés ou non, & qu'ils ſouffrent dès-à-préſent les peines de l'enfer ; mais je ne veux pas que les Bêtes ſoient des Diables. Comment ma chienne ſeroit un diable qui coucheroit la nuit avec moi, & qui me careſſeroit tout le jour ? Je ne vous le paſſerai jamais. J'en dis autant de mon perroquet, reprit une jeune Demoiſelle ; il eſt charmant ; mais ſi j'étois perſuadée que ce fût un petit diable, il me ſemble que je ne le pourrois souffrir. Je conçois, dit l'Auteur, toute l'étenduë de vos répugnances, & je les excuse; mais donnez-vous la peine d'y reflèchir, & vous verrez que c'est l'effet d'un préjugé qui doit ceder à la raison. Aimons-nous les Bêtes pour elles-mêmes? Non. Absolument étrangeres à la societé humaine, elles ne peuvent y entrer que pour l'utilité ou l'amusement. Eh! Que nous importe que ce soit un diable ou une autre espéce qui nous serve & qui nous amuse? Cette idée me réjoüit loin de me révolter: j'admire avec reconnoissance la bonté du Créateur de m'avoir donné tant de petits diables pour me servir & pour m'amuser. Si l'on me dit que ces pauvres diables sont condamnés à souffrir des tourmens éternels, j'adore les Jugemens de Dieu; mais je n'ai aucune part à cette terrible Sentence; j'en abandonne l'exécution au Souverain Juge, & je ne laisse pas de vivre avec mes petits diables comme je vis avec une infinité de personnes dont la Religion m'apprend qu'il y en aura un grand nombre de damnés. Mais guérir un préjugé n'est pas l'affaire d'un moment. C'est l'ouvrage du tems & de la réflexion. Permettez-moi donc de passer légerement sur cette difficulté pour vous faire faire une observation importante.

Persuadés que nous sommes que les Bêtes ont du sentiment, à qui de nous n'est-il pas arrivé mille fois de les plaindre des maux excessifs ausquels la plupart d'entr'elles sont exposées, & qu'elles souffrent réellement? Que les chevaux sont à plaindre, disons-nous, à la vuë d'un cheval qu'un impitoyable charretier accable de coups! Qu'un chien que l'on dresse à la chasse est miserable! Que le sort des Bêtes qui vivent dans les bois est triste!

Continuellement elles essuyent toutes les injures de l'air : toujours agitées de la crainte de devenir la proye des chasseurs, ou d'un animal plus féroce ; obligées de chercher sans cesse avec beaucoup de fatigue, une legere & insipide nourriture ; souffrant souvent une faim cruelle ; & sujettes d'ailleurs aux maladies & à la mort. Que les hommes soient assujettis à toutes les miseres qui les accablent, la Religion nous en apprend la raison ; c'est qu'ils naissent pécheurs. Mais quel crime ont commis les Bêtes pour naître sujettes à des maux si cruels?

A ces derniers mots notre Docteur fit une si furieuse grimace, en se frappant le genou, que la Compagnie ne pût s'empêcher d'en rire. Je vois, Monsieur, lui dit l'Auteur, en lui adressant la parole, je vois ce qui vous fait peine. Vous croyez que la réflexion que je viens de faire combat ce que vous appellez en Théologie, l'*état de pure nature*; vous vous trompez. Je reconnois comme vous qu'indépendamment d'aucun péché Dieu pouvoit créer l'Homme (à plus forte raiſon les Bêtes) ſujet à toutes les miſeres qui ſont la ſuite naturelle de ſa conſtitution. Mais ces maux que nous ſouffrons sont-ils tels en effet qu'ils auroient été dans l'état de pure nature? Non. Vous êtes obligés de convenir qu'ils ſont beaucoup plus grands; & pluſieurs Théologiens propoſent, même après S. Auguſtin, cet excès de miſeres comme une preuve de l'exiſtence d'un péché originel. Que devons-nous donc penſer de l'excès effroyable de miſeres que ſouffrent les Bêtes? miſeres beaucoup plus grandes que celles des Hommes. C'eſt dans tout autre ſyſtême un miſtere incompréhenſible, au lieu que dans le ſentiment que je propoſe rien de plus aiſé à comprendre. Les eſprits rebelles méritent un châtiment encore plus rigoureux : trop heureux que leur ſupplice ſoit differé. En un mot la bonté de Dieu eſt juſtifiée. L'Homme lui-même eſt juſtifié. Car quel droit auroit-il de donner la mort ſans néceſſité & ſouvent par pur divertiſſement à des millions de Bêtes, ſi Dieu ne l'avoit autoriſé ; & un Dieu bon & juſte auroit-il pû donner ce droit à l'Homme, puiſqu'après tout les Bêtes ſont auſſi ſenſibles que nous-mêmes à la douleur & à la mort, ſi ce n'étoient autant de coupables victimes de la vengeance divine ?

Mais écoutez, continua-t-il, quelque choſe de plus fort & de plus interreſſant. Les Bêtes ſont naturellement extrêmement vicieuſes. On ſçait bien qu'elles ne péchent point, parce qu'elles ne ſont point libres ; mais il n'y manque que cette condition. Les Bêtes carnacieres & les oiſeaux de proye ſont cruels. Beaucoup d'inſectes de la même eſpece ſe dévorent les uns les autres. Les chats ſont perfides & ingrats. Les ſinges ſont malfaiſans. Les chiens ſont envieux. Toutes ſont jalouſes & vindicatives à l'excès, ſans parler de beaucoup d'autres vices que nous leur connoiſſons; & en même-tems qu'elles naiſſent ſi vicieuſes, elles n'ont, diſons-nous, ni la liberté, ni aucun ſecours pour réſiſter au penchant qui les entraîne. Elles ſont, comme on dit dans l'Ecole, néceſſitées à faire le mal; à troubler l'ordre général; à commettre tout ce qu'il y a dans la nature de plus contraire à l'idée que nous avons de l'équité naturelle, & aux principes de la vertu. Quels monſtres dans un monde originairement créé pour y faire regner l'ordre & la juſtice! C'eſt ce qui en partie perſuada autrefois aux Manichéens qu'il devoit y avoir deux principes des choſes; l'un bon, l'autre mauvais,

& que les Bêtes n'etoient pas l'ouvrage du bon principe. Erreur monstrueuse. Mais comment après tout se persuader que les Bêtes soient sorties des mains du Créateur avec des qualités si étranges ? Si l'Homme est aussi méchant & aussi corrompu qu'il l'est, c'est que par son péché, il a lui-même perverti l'heureux naturel que Dieu lui avoit donné en le formant. Il faut donc dire de deux choses l'une, ou que Dieu a pris plaisir à former les Bêtes aussi vicieuses qu'elles sont, & à nous donner dans elles des modeles de tout ce qu'il y a de plus honteux, ou qu'elles ont comme l'Homme un péché d'origine qui a perverti leur premiere nature.

La premiere de ces propositions fait une extrême peine à penser, & est formellement contraire à l'Ecriture Sainte, qui dit: Que tout ce qui sortit des mains de Dieu à la création du monde

étoit

étoit bon & même *fort bon*. Car si les Bêtes étoient telles alors qu'elles sont aujourd'hui, comment pouvoit-on dire qu'elles fussent *bonnes & fort bonnes*? Où est le bien qu'un singe soit si malfaisant, qu'un chien soit si envieux, qu'un chat soit si perfide? Aussi plusieurs auteurs ont-ils prétendu que les Bêtes étoient avant le péché de l'Homme différentes de ce qu'elles sont aujourd'hui, & que c'est pour punir l'Homme que Dieu les a renduës si méchantes; mais ce sentiment n'est qu'une pure supposition dont il n'y a pas le moindre vestige dans l'Ecriture Sainte; c'est une mauvaise défaite pour éluder une difficulté réelle. Cela même ne se pourroit dire tout au plus que des Bêtes avec lesquelles l'Homme a une espéce de commerce, & nullement des oiseaux, des poissons, des insectes qui n'ont aucun raport à lui. Il faut donc recourir à la ſeconde propoſition, & dire: que la nature des Bêtes a été, comme celle de l'Homme, corrompuë par quelqûe péché d'origine: autre ſuppoſition qui n'a aucun fondement, & qui choque également la raiſon & la Religion dans tous les ſyſtêmes que l'on a ſuivis juſqu'à préſent ſur l'ame des Bêtes. Quel parti prendre? Admettez mon ſyſtême; tout eſt expliqué. Les ames des Bêtes ſont des Eſprits rebelles qui ſe ſont rendus coupables envers Dieu. Ce péché dans les Bêtes n'eſt point un péché d'origine; c'eſt un péché perſonnel qui a corrompu & perverti leur nature dans toute ſa ſubſtance. De là tous les vices & toute la corruption que nous leur voyons, ſans cependant qu'elles péchent de nouveau, parce que Dieu en les réprouvant ſans retour, les a en même-tems dépouillées de leur liberté.

Il me reſte, ajouta l'Auteur,

à vous satisfaire sur deux questions que vous me ferez sans doute : comment les Diables sont unis au corps des Bêtes, & ce qu'ils deviennent à la mort. Pour répondre à la premiere question, il faudroit connoître le mystere de l'union de notre ame & de notre corps ; & c'est ce qu'aucun Philosophe ne comprendra jamais. Contentons-nous donc de dire que, comme l'Homme est une ame & un corps organisé unis ensemble, ainsi chaque Bête est un Diable uni à un corps organisé : & comme un Homme n'a pas deux ames, les Bêtes n'ont aussi chacune qu'un Diable. Cela est si vrai que Jesus-Christ ayant un jour chassé plusieurs Démons, & ceux-ci lui ayant demandé permission d'entrer dans un troupeau de pourceaux qui paissoient près de la mer, Jesus-Christ le leur permit, & ils y entrerent : mais qu'arriva-t-il ? Chaque pourceau ayant déja ſon Diable, il y eut bataille, & tout le troupeau ſe noya dans la mer.

Cette union ſuppoſée rien ne doit plus nous étonner dans les Bêtes : elles doivent connoître & ſentir comme nous connoiſſons & comme nous ſentons : & à en juger par ce qui ſe paſſe dans nous, elles doivent être comme nous jalouſes, coleres, perfides, ingrates, intereſſées. Elles doivent être triſtes ou gayes ſelon les événemens ou leur diſpoſition préſente : elles doivent avoir de l'amour & de la haine; déſirer de multiplier leur eſpéce; aimer leurs petits & les élever. En un mot elles doivent faire tout ce qu'elles font, & qui nous paroît ſi incompréhenſible lorſqu'on ne leur donne point une ame ſpirituelle. Il eſt pourtant important d'obſerver que, comme c'eſt pour avoir abuſé de leur raiſon & de leurs lumieres que les Eſprits rebelles ont mérité d'être ainſi dégradés, Dieu a voulu les humilier par leur raiſon même, en les aſſujettiſſant à des organes ſi groſſiers, qu'elle eſt extrêmement inférieure à celle des Hommes : de-là vient que nous jugeons bien quelquefois que les Bêtes font quelque raiſonnement ; mais nous avons tout lieu de croire qu'elles ne font jamais, comme nous, pluſieurs raiſonnemens ſuivis & réfléchis, parce que leurs organes ſe refuſent à des mouvemens ſi déliés. C'eſt-ce qui en fait des automates qui n'agiſſent le plus ſouvent que par machine, quoiqu'avec connoiſſance ; & voilà pour un eſprit le comble de l'humiliation. Il n'en eſt pas ainſi de leurs ſenſations. Car les Eſprits rebelles n'ont pas péché par les ſens. Ils n'en avoient point : d'ailleurs, les ſens ſont toujours des organes matériels & des interprétes groſſiers. Leur uſage quelque parfait qu'il puiſſe être eſt toujours humiliant pour un démon qui étoit créé pour être un pur eſprit, & par conſéquent pour connoître & ſentir d'une maniere beaucoup plus parfaite. Voilà pourquoi Dieu n'a pas donné aux Bêtes des ſens plus groſſiers que les nôtres. Les Eſprits qui les animent ſont aſſez punis d'être aſſujettis à des ſens matériels. Il ſemble même que Dieu, ſoit pour nous humilier nous-mêmes, ſoit pour faire admirer la variété de ſes productions, ait voulu donner à quelques Bêtes des organes de ſenſations beaucoup plus délicats que les nôtres. Les oiſeaux de proye, par exemple, ont l'œil ſi perçant; le chien a l'odorat ſi fin; l'arraignée a le toucher ſi ſubtil, qu'aucun homme ne les égale en ce point.

L'extrême petiteſſe d'un nombre infini de Bêtes (c'eſt toujours l'Auteur qui parle) pourroit faire illuſion aux perſonnes qui n'ont point assez réflechi sur la nature des choses. Comment, dira-t-on se persuader qu'un Diable soit logé dans une mouche, une puce, une mite ? Mais quoi ! n'y sera-t-il pas aussi bien logé que dans un cheval ou un bœuf ? Un Esprit n'ayant absolument aucune étenduë n'exige point pour être uni à un corps, que ce corps soit plus ou moins étendu. La plus petite quantité de matiere lui suffit pourvû qu'elle soit organisée, & il n'y en a pas de si petite qui ne puisse l'être. Dieu auroit pû faire les hommes aussi petits que les plus petits pucerons ; s'il l'avoit fait, nos ames ne s'en estimeroient pas moins, & ne se croiroient pas moins bien logées. C'est qu'il n'y a point dans le monde de grandeur absoluë. Une puce n'est en elle-même ni grande ni petite. Elle n'est petite que par rapport à nous qui sommes infiniment plus grands, & elle est grande par rapport à une infinité d'autres Bêtes qui font un million de fois plus petites. Tout cela prouve que l'ignorance feule & de faux préjugés peuvent nous faire mettre entre les Bêtes quelque diftinction de préférence fondée fur leur grandeur & leur petiteffe. Il n'eft pas par-conféquent plus difficile de croire qu'un Diable foit uni au corps d'une mouche, qu'à celui d'un éléphant ; & c'eft en effet pour un efprit une chofe fort indifférente.

Pour ce qui eft, ajouta l'Auteur, de la feconde queftion fur ce que deviennent les Démons après la mort des Bêtes, il eft encore fort aifé d'y fatisfaire. Pythagore enfeignoit autrefois, & encore aujourd'hui quelques Philofophes Indiens croyent la Métempfychofe ; c'eft-à-dire, qu'au moment de notre mort nos ames paffent dans un corps, foit d'homme, foit de Bête, pour recommencer une nouvelle vie, & toujours

jours ainsi successivement jusqu'à la fin des siécles. Ce systême qui est insoutenable par rapport aux Hommes, & qui est d'ailleurs proscrit par la Religion, convient admirablement bien aux Bêtes dans le systême que je viens de proposer, & ne choque ni la Religion, ni la raison. Les Démons destinés de Dieu à être des Bêtes, survivent nécessairement à leur corps, & cesseroient de remplir leur destination, si, lorsque leur premier corps est détruit, ils ne passoient aussi-tôt dans un autre pour recommencer à vivre sous une autre forme. Ainsi tel démon après avoir été chat ou chevre, est contraint de passer dans l'embryon d'un oiseau, d'un poisson, d'un papillon pour les animer. Heureux ceux qui rencontrent bien, comme beaucoup d'oiseaux, de chevaux & de chiens; & malheur à ceux qui deviennent Bêtes de charge ou gibier de chasseur. C'est une espece de loterie où vraisemblablement les diables n'ont pas le choix des lots.

On pourroit croire pourtant qu'ils ne changent jamais d'eſpéce, & que le diable qui a été cheval redevient toujours cheval; mais ce ſentiment ſouffriroit une grande difficulté. Car comme les eſpéces de Bêtes, augmentent & diminuent ſouvent ſur la terre, il s'enſuivroit, ou qu'il y auroit quelquefois trop peu de diables pour fournir une eſpéce, ou qu'il y en auroit de reſte qui demeureroient en relais ſans occupation, ce qui n'eſt pas vraiſemblable, au lieu qu'en admettant une Méterpſychoſe générale on prévient toutes les difficultés.

Toutes les eſpéces de Bêtes produiſent preſque toujours beaucoup plus d'œufs ou d'embryons qu'il n'en faut pour les perpétuer dans la même quantité. Ainſi les diables que Dieu a deſtinés à les animer, ne manquent jamais d'emploi ni de logement ; car si une espéce vient à manquer ou à diminuer considérablement, ils peuvent passer dans les œufs d'une autre & la multiplier. C'est ce qui fait quelquefois ces prodigieuses nuées de sauterelles, & ces armées innombrables de chenilles qui désolent nos campagnes & nos jardins. On cherche dans le froid, dans le chaud, dans les pluyes, ou dans les vents, la cause de ces étonnantes multiplications ; & la vraye raison, c'est que dans l'année où elles arrivent, ou dans la précédente, il a péri une quantité extraordinaire de Bêtes fauves, d'oiseaux ou de poissons avec tous leurs œufs ; de sorte que les diables qui les animoient, ont été contraints de se jetter promptement dans la premiere espéce qu'ils ont trouvée préparée à les recevoir, & qui avoit, pour ainsi dire, des maisons à louer.

Enfin, vous voyez, conclut

l'Auteur, que plus on approfondit ce syſtême, plus on y découvre de ces traits de vraiſemblance qui frappent & qui perſuadent. C'eſt une ſource d'obſervations ſingulieres qui ſatiſfont la curioſité. J'en trouve les fondemens dans la Religion même. La raiſon m'en donne les preuves les plus vraiſemblables, & les préjugés n'y oppoſent que des difficultés frivoles. Peut-on ſe refuſer à un ſyſtême ſi plauſible & ſi bien appuyé de toutes parts?

Je ne ſçais, Mad. . . . . ce que vous penſerez d'un ſyſtême ſi nouveau & ſi ſingulier; mais je vous dirai que par ſa ſingularité même il fit aſſez de plaiſir à toute la Compagnie. Quelques-uns ne le prirent que pour un jeu d'eſprit & une plaiſanterie ingénieuſe; d'autres le regarderent comme un ſyſtême fort bon à croire ſérieuſement. Pour moi, comme vous ſçavez que je ſuis extrêmement Pyrrhonien en matiere de ſyſtême, je me contentai de donner à l'auteur les applaudiſſemens que la politeſſe exige en pareil cas, ſans m'expliquer ouvertement. La vérité eſt que je ne ſçavois qu'en penſer, & que je ne le ſçais pas encore. Car je vois d'une part que le ſyſtême répond fort bien à toutes les difficultés, & qu'il ſeroit aſſez difficile de le convaincre de faux. Mais d'un autre côté je ne lui vois pas des fondemens aſſez ſolides pour opérer une vraie perſuaſion ; & comme il touche d'ailleurs à des objets de Religion, je crois qu'il ſeroit téméraire de l'adopter ſans l'aveu du moins tacite des Docteurs. Notre Abbé ne fut pas ſi réſervé que moi ; il revint à la charge ; & l'Auteur le laiſſa parler aſſez long-tems, après quoi il ſe mit en devoir de lui répondre. Sur cela on me propoſa de jouer. Les deux diſputans ſe retirerent dans un coin de la salle pour continuer leur dispute, & je n'entendis pas leurs raisons.

Mais je m'apperçois que voilà déja beaucoup d'écriture sans que j'aye encore dit un mot de la principale question que vous m'avez faite sur le langage des Bêtes. Finissons donc cette premiere discussion, & reprenons nos propositions. Il est certain que les Bêtes ont de la connoissance quel qu'en soit le principe. C'est un fait si généralement avoué de tous les hommes, que j'ai moins songé à le prouver qu'à vous amuser par l'exposition que je vous ai faite des divers sentimens. Examinons donc à présent si elles parlent.

II.

DE LA NECESSITÉ D'UN LANGAGE ENTRE LES BESTES.

PROUVONS-EN d'abord la possibilité. Dans l'usage ordinaire ce qu'on appelle parler, c'est se faire entendre par une suite de mots articulés, par lesquels les hommes sont convenus d'exprimer telle idée ou tel sentiment ; & la collection totale de ces mots fait ce que nous appellons une langue, qui est différente chez les Peuples différens. Il est certain que si les Bêtes parlent, ce n'est point par le moyen d'une semblable langue. Mais ne peut-on point, sans ce ſecours, ſe faire bien entendre & parler véritablement? C'eſt dequoi on ne ſçauroit douter. Les Anges ſe parlent, & n'ont point l'organe de la voix. Laiſſons-là le ſurnaturel. Tout parle dans nous quand nous voulons. Ne parlons-nous pas tous les jours par un regard, par un mouvement de la tête, par un geſte, par le moindre ſigne? Imaginez-vous, Madame..... un peuple de muets. Croyez-vous qu'ils ne ſe feroient pas entendre les uns aux autres, & que, privés de l'uſage de nos mots & de nos phraſes, ils n'y ſuppléeroient pas par des cris, par des geſtes, des regards & des mines? Pour moi, je ſuis perſuadé qu'ils vivroient fort bien en ſociété comme nous; & qu'après que les premiers auroient, avec quelque peine, établi les ſignes & les expreſſions ſenſibles, ils les apprendroient aiſément à leurs enfans: que ceux-ci ſe perfectionneroient de plus en plus dans cette maniere de s'exprimer, & formeroient peu à peu, non pas une langue, mais un langage très-net & aussi intelligible pour eux que nos langues le sont pour nous. Nous avons sur cela des exemples si étonnants qu'il n'est pas permis d'en douter ; & j'irai, si l'on veut, jusqu'à soutenir que la même idée pouvant être exprimée de diverses manieres, il pourroit y avoir dans un tel langage du choix dans les expressions, de l'énergie, de l'éloquence, du simple & du figuré, peut-être même du précieux. Sans doute il y auroit aussi quelquefois de l'obscur & de l'équivoque ; mais où n'y en a-t-il pas ? Appliquons donc cet exemple aux Bêtes. Elles n'ont point de langues ; mais pourquoi n'auroient-elles pas un langage ? Il est évident que la chose est possible : examinons si elle est nénécessaire.

Toutes les Bêtes ont de la

connoiſſance, il faut en convenir; & nous ne voyons pas que l'Auteur de la nature ait pû leur donner cette connoiſſance pour d'autres fins que de les rendre capables de pourvoir à leurs beſoins, à leur conſervation, à tout ce qui leur eſt propre & convenable dans leur condition & la forme de vie qu'il leur a preſcrite. Ajoutons à ce principe que beaucoup d'eſpéces de Bêtes ſont faites pour vivre en ſociété, & les autres du moins en ménage, pour ainſi dire, d'un mâle avec une femelle, & en famille avec leurs petits juſqu'à ce qu'ils ſoient élevés. Quelques exceptions qu'on pourroit oppoſer à cette loi générale, doivent être comptées pour rien. Or pour ne parler d'abord que de la premiere eſpece, quel uſage conçoit-on que les Bêtes puſſent faire de leur connoiſſance pour la conſervation & le bien de leur ſociété, & par conſéquent pour leur propre bien qui en résulte, si cette société n'a point entr'elle un langage commun & parfaitement connu de tous les particuliers qui la composent? Reprenons l'exemple d'un peuple muet, & supposons que, déja privés de la parole, la nature leur a même refusé tout moyen de se faire entendre les uns aux autres; quel usage pourroient-ils faire de leur connoissance & de leur esprit? Il est évident que ne pouvant ni entendre, ni être entendus, ils ne pourroient ni donner aucun secours à la société, ni en recevoir. Loin de s'entr'aider, ils seroient nécessairement dans une opposition continuelle. La défiance seroit générale. Les injures, la haine & la vengeance romproient tous les principes d'union; & bien-tôt changés en Bêtes féroces, on les verroit ne songer qu'à se détruire. En un mot plus de communication, plus de société.

Il en seroit de même des Bêtes qui vivent en société. Si l'on suppose qu'elles n'ont point entr'elles un langage, quel qu'il soit, pour s'entendre les unes les autres, on ne conçoit plus comment leur société pourroit subsister. Prenons pour exemple les castors. Ces animaux pour se mettre à couvert & en sureté, logent dans de petites cabanes de terre qu'ils construisent eux-mêmes, avec une adresse admirable, au bord d'un lac & sur pilotis. Mais ils ont compris qu'ayant besoin, pour bâtir leur domicile, d'être aidés les uns des autres, il falloit se mettre en société. Ils s'associent donc trente, quarante, plus ou moins ensemble; & après qu'ils ont choisi le terrain qui leur convient pour habiter, & où ils esperent trouver plus de commodité pour vivre & plus de sureté, ils partagent entr'eux les travaux nécessaires pour la construction de leur habitation. Les uns vont au bois; les autres à la terre glaise que quelques-uns sont chargés d'apporter en se renversant, comme on sçait, sur le dos, & faisant de leur corps une espece de tombereau, que les autres tirent jusques sur le lieu où il faut l'employer. Là, l'un fait l'office de maçon, l'autre celui de manœuvre, un autre celui d'architecte. Un arbre est rongé par le pied & tombe dans le lac. Alors d'autres ouvriers le mettent en œuvre. Les uns préparent les pilotis, les autres les enfoncent, tandis que d'autres travaillent les autres bois nécessaires. Tout se fait avec ordre, & un concert parfait. On se représente les Tyriens bâtissant Carthage. Sans doute les paresseux ou les mutins sont punis. Les sentinelles font leur devoir. L'ouvrage est conduit à sa perfection; il fait l'admiration des Hommes mêmes; & alors la petite société jouissant paisiblement du fruit de ses travaux, ne songe plus qu'à vivre tranquille & à multiplier ſon eſpece chacun dans ſa petite famille.

N'eſt-il pas évident qu'une entrepriſe ſi bien ſuivie & ſi bien exécutée, ſuppoſe néceſſairement que ces animaux ſe parlent, & ont entr'eux un langage par lequel ils ſe communiquent leurs penſées? Rappellez-vous, Mad.... ce qui eſt dit de la Tour de Babel. Le moyen que Dieu employa pour faire échouer ce projet inſenſé, moyen ſûr & infaillible, fut la confuſion des langues. Les Ouvriers ayant tout à coup oublié la langue commune qu'ils parloient auparavant, & ne pouvant plus s'entendre les uns les autres, ne purent plus agir de concert, & furent obligés d'abandonner leur entrepriſe. C'eſt ce qui arrivera à toute ſociété qui ne s'entendra pas. Mettez enſemble trente perſonnnes qui parleront chacune une langue differente, & vous verrez bien-tôt naître parmi elles, le désordre & la confusion. Que seroit-ce, si ces trente personnes ne parloient point du tout, & n'avoient aucun moyen de faire entendre leurs pensées? Supposons que les Castors soient tels en effet; qu'arrivera-t-il? Je vois dans un moment toute la société en désordre; sans chef, sans subordination, sans conseil, sans concert. Je vois tous les travaux qui demandent le concours de la multitude nécessairement abandonnés. Plus de sentinelles qui veillent à la sureté publique; plus d'habitation commune. Chacun, comme à la Tour de Babel, se retirera pour vivre séparément: plus de société.

L'instinct, dira-t-on, ne peut-il pas suppléer au langage? Deux Castors se rencontrent & se joignent ensemble, parce que leur instinct les portent à se mettre en société. Un troisiéme & puis un quatriéme, plusieurs ainsi de suite, viennent grossir la troupe. Voilà la société formée. Le même instinct les porte à aller chercher du bois & de la terre pour bâtir leurs cabanes, comme les Oiseaux vont chercher ce qui leur est nécessaire pour faire leur nid. S'ils semblent partager entr'eux les travaux, c'est que les uns voyant les autres apporter la terre vont à leur tour chercher du bois; & lorsqu'ils voyent pareillement qu'une partie travaille à appliquer le mortier, ils s'employent, pour ne pas demeurer oisifs, à mettre le bois en œuvre. Il ne faut ce semble, pour tout cela, que l'œil & l'instinct. Si l'on voit des sentinelles posées sur les avenuës, c'est que dans une troupe il y a toujours quelqu'un plus timide ou plus prudent qui rend utiles aux autres les précautions qu'il prend pour lui-même.

L'objection est spécieuse; mais il faut l'approfondir. Qu'est-ce que l'instinct? C'est un sentiment non

non réfléchi, dont le principe est inconnu, un desir aveugle, un goût indélibéré, un mouvement machinal de notre ame qui nous porte à faire quelque chose sans sçavoir pourquoi. Ce sentiment, s'il y en a, est communément si enveloppé dans les hommes qu'il demeure sans effet. On prétend seulement que dans quelques-uns il produit des effets fort singuliers. Il est merveilleux, dit-on, dans les Bêtes, & c'est par lui qu'on explique tout ce qu'elles font de plus admirable. Rien en effet de plus commode. Mais jusqu'à quand les hommes prendront-ils des mots pour des choses! 1o. Ce que nous appellons instinct est quelque chose de fort obscur & d'inconnu en soi. 2o. Quelles preuves a-t-on que les Bêtes ayent plus d'instinct que les hommes? On a porté la prévention sur ce point jusqu'à croire que l'instinct dans les Bêtes est préférable à la raison des hommes. Mais sur quel fondement dégrade-t-on ainsi la raison humaine pour faire honneur à l'instinct des Bêtes ? On voit, il est vrai, les Oiseaux faire leur nid avec beaucoup d'adresse. On voit quelques animaux se purger par le secours de quelques herbes qu'ils vont chercher. Les Moineaux se purgent aussi & purgent leurs petits avec des Araignées ou d'autres insectes. Les Pigeons & beaucoup d'Oiseaux mangent du gravier pour faciliter leur digestion. Ce sont, dit-on, les Cigognes qui ont appris à l'Homme l'usage des clysteres. Voilà à peu près les effets les plus merveilleux que l'on racontent de l'instinct prétendu des Bêtes, car il ne faut pas croire beaucoup de fables que l'on débite sur cette matiere ; & je ne vois point dans tout cela de quoi se récrier.

3o. Mais puisque nous sommes forcés de donner de la connoissance aux Bêtes, pourquoi leur donner un instinct inutile ? Pourquoi attribuer à cet instinct inconnu ce qui peut n'être que le simple effet de leur connoissance; & puisque c'est effectivement la connoissance qui fait faire à l'Homme de semblables opérations, pourquoi n'en seroit-elle pas aussi le principe dans les Bêtes? N'est-ce pas là ce qu'on appelle multiplier les êtres sans nécessité, & chercher à mettre de l'obscurité dans une chose toute simple & fort claire d'elle-même? Pour moi je suis persuadé que ce que nous croyons que les Bêtes font par un instinct particulier, elles le font comme nous par un effet de leur connoissance & avec connoissance. Je serois même tenté de croire que ce que nous appellons instinct, n'est qu'un être de raison, un nom vuide de réalité, un reste de Philosophie Péripateticienne. Mais s'il faut en admettre un, je ne croirai jamais que les Bêtes en soient mieux pourvûës que les

Hommes, tandis qu'on ne m'alléguera pour le prouver que des faits que je puis expliquer par la simple connoissance; & si cet instinct ne suffit pas à l'homme pour le conduire, il doit suffire encore moins aux Bêtes.

Je reprens donc mon exemple & mon raisonnement. Si ce n'est pas par un instinct particulier que les Castors font leurs petits établissemens avec tant de concert, c'est donc par un effet de leur connoissance. Or j'ai prouvé par la supposition d'un peuple absolument muet que la connoissance sans une communication réciproque par un langage sensible & connu, ne suffit pas pour entretenir la société, ni pour exécuter une entreprise qui demande de l'union & du concert. Concluons donc que puisque la nature, qui agit toujours avec tant de sagesse, a fait les Castors pour vivre en société, elle leur en a donné tous les moyens nécessaires, & par conséquent la faculté de parler, quelque soit leur langage, puisque sans ce secours il est impossible qu'aucune société puisse subsister : &, comme la nature suit par-tout les mêmes loix, appliquons ce raisonnement aux abeilles, aux fourmis & à toutes les espéces de Bêtes qui vivent en société ; & voilà déja une partie fort considérable des Bêtes pourvûes de la faculté de parler.

Mais peut-on dire la même chose des Bêtes qui ne vivent pas en société ? Tels sont la plûpart des Quadrupedes, les Oiseaux, les Poissons, les Reptiles ; & c'est, sans contredit, le plus grand nombre. Je ne sçais, Mad. . . . . si vous appercevez les conséquences du premier pas que je viens de hazarder. Car s'il y a quelque Bêtes qui parlent, il faut qu'elles parlent toutes. Si les Castors & les Perroquets ont un langage, il faut que l'Huitre & le Limaçon ayent le leur. Me voilà engagé, pour ainſi dire, dans un défilé dangereux dont les plus forts préjugés gardent toutes les iſſuës. Mais dans le pays des ſyſtêmes, comme ailleurs, il n'y a ſouvent que le premier pas qui coûte. J'ai prouvé, ce me ſemble, avec aſſez de vraiſemblance que les Bêtes qui vivoient en ſocieté devoient néceſſairement avoir un langage. Il faut étendre la propoſition à toutes les autres eſpéces de Bêtes.

Pourquoi en effet la nature auroit-elle refuſé aux unes un privilege qu'elle auroit accordé aux autres? Rien ne feroit plus contraire à l'uniformité qu'elle affecte dans toutes ſes productions. Je ſçais que la nature auſſi avare dans le ſuperflu, qu'elle eſt prodigue dans le néceſſaire, ne fait rien ſans néceſſité. Mais n'eſt-ce pas une néceſſité que deux Bêtes aſſociées enſemble pour former un ménage & une famille, deux Oiſeaux, par exemple, s'entendent & puissent s'exprimer mutuellement leurs sentimens & leurs pensées ? Associez deux personnes absolument muettes, je défie que l'union subsiste, si elles n'ont aucun moyen de convenir ensemble de leurs faits & de s'exprimer leurs besoins : deux Moineaux sans aucune espéce de langage, seront dans la même impossibilité de vivre ensemble, & l'on verra, dans leur petit ménage, tous les inconvéniens de la société muette dont j'ai parlé. En un mot la nécessité d'un langage entre un mari & une femme pour vivre en ménage est la même que pour une société.

Il ne seroit pas impossible que la nature eût fait quelques Animaux pour vivre dans une solitude absoluë, & qu'en conséquence elle leur eût donné les deux sexes pour pouvoir se multiplier eux-mêmes, commes les plantes, sans le secours d'un accouplement, & differemment des Limaçons & des

Vers de terre, qui, quoiqu'ils ayent les deux ſexes, n'en peuvent faire uſage qu'en s'accouplant. En ſuppoſant qu'il y ait dans l'Univers des Bêtes de cette eſpéce, je conviendrai, ſans peine, que ſi la nature leur avoit donné la faculté de parler, elle leur auroit fait un préſent inutile; mais dès que deux Bêtes ont habituellement beſoin l'une de l'autre, dès qu'elles forment entr'elles une ſociété durable, il faut néceſſairement qu'elles ſe parlent. Comment concevoir que deux Moineaux dans la ferveur de leurs amours, ou dans les ſoins que leur donne l'éducation de leurs petits, n'ayent pas mille choſes à ſe dire? Ce ſeroit ici le lieu d'égayer la matiere par des détails intéreſſans; mais je ne veux pas qu'un ouvrage Philoſophique dégénére en plaiſanterie. Je ne m'attache, comme vous voyez, qu'à des raiſons ſolides; & je ſoutiens qu'il eſt impoſſible dans l'ordre de la nature

nature qu'un Moineau qui aime ſa femme n'ait pas pour ſe faire écouter, un langage plein d'expreſſion & de tendreſſe. Il faut qu'il la gronde lorſqu'elle fait la coquette; il faut qu'il menace les galans qui viennent la cajoler; il faut qu'il puiſſe l'entendre lorſqu'elle l'appelle; il faut, tandis qu'elle couve aſſidument ſes œufs, qu'il puiſſe pourvoir à ſes beſoins, & diſtinguer ſi c'eſt de la nourriture qu'elle demande, ou quelques plumes pour réparer ſon nid; & pour tout cela, il faut un langage.

Beaucoup de Bêtes, dira-t-on, n'ont point, comme les oiſeaux, de ménage établi & permanent; car pour le dire en paſſant, les oiſeaux ſont le modéle de la conſtance & de la fidelité conjugale. Je le ſçais, & le nombre même en eſt très-grand.. Tels ſont les Chiens, les Chevaux, les Bêtes fauves, & preſque tous les Quadrupedes, les Poiſſons & les

Reptiles; mais j'insisterai toujours sur un principe avoué & reconnu pour certain. La nature est trop semblable à elle-même dans les productions d'un même genre pour avoir mis entre les Bêtes une différence aussi essentielle que seroit celle de parler ou de ne parler pas. C'est par ce principe que, quoiqu'on ne connoisse qu'à peine la semence du corail, des champignons, des truffes, du nostoch, & de la fougere, nous ne laissons pas d'être persuadés que ces plantes viennent de graine, parce que c'est la façon dont la nature produit toutes les autres. Concluons donc que, si la nature a donné aux Bêtes, qui vivent en société & en ménage, la faculté de parler, elle a, sans doute, fait le même avantage à toutes les autres Bêtes; car il ne s'agit point ici d'une de ces différences accidentelles que la nature se plaît à diversifier dans les différentes espéces d'un même genre. Il n'y a peut-être pas dans le monde entier deux visages qui se ressemblent parfaitement ; mais enfin tous les hommes ont un visage. On voit dans les différentes espéces d'Animaux des différences encore plus grandes : les uns ont des aîles, les autres ont des nageoires ; d'autres ont des pieds & des jambes : les Serpens n'ont rien de tout cela ; mais tous les Animaux enfin ont la faculté de se mouvoir & de se porter où ils veulent selon leurs besoins. Entre les Animaux il y en a qui voyent & qui entendent plus ou moins, mais tous voyent & entendent. Il en est ainsi de la faculté de parler. Peut-être que cette faculté est plus parfaite dans les Bêtes qui vivent en société & en famille ; mais dès qu'elle est dans quelques-unes, il faut croire qu'elle est dans toutes, plus ou moins parfaite, à proportion de leurs besoins.

Il faut même obſerver que les animaux qui ne vivent ni en corps de ſociété, ni en ménage établi, ne laiſſent pas d'avoir entr'eux, dans chaque eſpéce, un certain commerce & une ſorte de ſociété. Tels ſont les Quadrupedes, les Poiſſons, les Réptiles, les Oiſeaux mêmes, indépendamment de leurs ménages, comme les Etourneaux, les Perdrix, les Corbeaux, les Canards, les Poules. Or de quoi ſerviroit aux Bêtes de rechercher ainſi la ſociété les unes des autres, ſi ce n'étoit pour s'entr'aider, & profiter réciproquement de leurs connoiſſances, de leurs découvertes & de tous les ſecours qu'elles peuvent ſe prêter: & comment le pourroient-elles faire ſi elles ne s'entendent pas les unes les autres? Tous les raiſonnemens que j'ai faits pour prouver que les Bêtes qui vivent en corps de ſociété doivent avoir un langage, retrouvent ici leur place & touſe leur force. Il ne peut y avoir de différence que du plus au moins ; &, ſi l'on en juge par les faits, vraiſemblablement il n'y en a aucune.

Les Loups, par exemple, chaſſent avec beaucoup d'adreſſe, & concertent enſemble des ruſes de guerre. Un homme, paſſant dans une Campagne, aperçut un loup, qui ſembloit guetter un troupeau de moutons. Il en avertit le Berger, & lui conſeilla de le faire pourſuivre par ſes chiens. Je m'en garderai bien, lui répondit le Berger. Ce loup, que vous voyez, n'eſt-là que pour détourner mon attention ; & un autre loup, qui eſt caché de l'autre côté, n'attend que le moment, où je lâcherai mes chiens ſur celui-ci, pour m'enlever une brebis. Le paſſant, ayant voulu vérifier le fait, s'engagea à payer la Brebis, & la choſe arriva comme le Berger l'avoit prévûë. Une ruſe ſi bien concertée ne ſuppoſe-t-elle pas évidemment que les deux loups ſont convenus enſemble, l'un de ſe montrer, l'autre de ſe cacher ? Et comment peut-on convenir ainſi enſemble ſans ſe parler ?

Un Moineau trouvant à ſa bienſéance un nid qu'une Hirondelle venoit de conſtruire, s'en empara. L'Hirondelle voyant chez elle l'uſurpateur, appella du ſecours pour le chaſſer. Mille Hirondelles arrivent à tire d'aîle, & attaquent le Moineau; mais celui-ci couvert de tous côtés, & ne préſentant que ſon gros bec par la petite entrée du nid, étoit invulnérable, & faiſoit repentir les plus habiles qui oſoient s'en approcher. Après un quart-d'heure de combat, toutes les Hirondelles diſparurent. Le Moineau ſe croyoit vainqueur, & les ſpectateurs jugerent qu'elles abandonnoient l'entrepriſe. Point du tout. Un moment après on les voit revenir à la charge; & chacune s'étant pourvûë d'un peu de cette terre détrempée dont elles font leur nid, elles fondirent toutes ensemble sur le Moineau, & le claquemurerent dans le nid, afin qu'il y perît, puisqu'elles n'avoient pû l'en chasser. Croyez-vous, Mad.... que les Hirondelles, ayent pû former & concerter ce dessein toutes ensemble sans se parler?

On raconte des choses admirables des Singes lorsqu'ils vont à la picorée. Une troupe de soldats, qui va au fourage dans le voisinage de l'ennemi, ne marche pas avec plus d'ordre & de précaution. Je pourrois vous rapporter mille autres traits semblables; mais il faudroit faire un volume, & je ne veux qu'appuyer mon raisonnement. On s'est toujours servi jusqu'à présent de ces exemples pour prouver que les Bêtes ont de la connoissance, & on a eu raison, parce qu'en effet on ne peut pas concevoir que les Bêtes puissent, sans connoissance, faire des actions si singulieres; mais il est évident qu'on n'a pas été assez loin, & qu'il faut conclure de plus que les Bêtes parlent, puisqu'il paroît également impossible qu'elles le puissent faire sans parler. Et remarquez, s'il vous plaît, Mad.... qu'il ne s'agit pas ici d'une opinion ou d'un systême fondé sur des conjectures ou des explications vraisemblables; mais d'un raisonnement appuyé sur des faits sensibles & palpables: je dis des faits sensibles, tels que ceux que je viens de rapporter, & mille autres semblables en tout genre. Entrez dans un bois où il y a des Geais; le premier qui vous apperçoit donne l'allarme à toute la troupe, & le bruit ne finit point que vous ne soyez sorti, ou que votre présence ne les ait chassés. Les Pies, les Merles, & presque tous les oiseaux en font autant. Qu'un Chat paroisse sur un toit ou dans un jardin, le premier Moineau, qui le découvre, fait précisément ce que fait parmi nous une sentinelle qui apperçoit l'ennemi. Il avertit par ses cris tous ses camarades, & semble imiter le bruit d'un tambour qui bat au champ. Voyez un Coq auprès d'une Poule; un Pigeon auprès d'une fémelle qu'il sollicite; un Chat à la suite d'une Chate; leurs discours ne finissent point.

Je ne finirois point moi-même si je voulois épuiser les détails, & je veux cependant mettre des bornes à ce petit ouvrage. Je ne veux plus ajouter qu'une réflexion importante qui fait, selon moi, une espéce de démonstration. Nous parlons tous les jours aux Bêtes, & elles nous entendent fort bien. Le Berger se fait entendre de ses Moutons; les Vaches entendent tout ce que leur dit une petite paysane; nous parlons aux Chevaux, aux Chiens, aux Oiseaux, & ils nous entendent. Les Bêtes nous parlent aussi à leur tour, & nous les entendons.

Combien plus doivent-elles se faire entendre de leurs semblables! Car nous ne pouvons avoir, par rapport à elles, qu'une langue étrangére; &, si la nature les a faites capables d'entendre une langue étrangere, comment leur auroit-elle refusé la faculté d'entendre & de parler une langue naturelle? Votre Chienne, par exemple, a beaucoup d'esprit; vous vous entretenez tout le long du jour avec elle; vous l'entendez & elle vous entend: mais soyez sûre que lorsqu'il vient un Chien la cajoler, elle l'entend beaucoup mieux encore, & se fait mieux entendre.

Convenez donc, Mad. . . . . que les Bêtes parlent, & qu'il est fort raisonnable de le croire, puisque la raison, les loix de la nature, les faits & l'expérience, concourent à le prouver, avec assez d'évidence, pour fixer sur cela notre incertitude. Je ne sçais pourtant pas si je vous aurai persuadée; car je ne connois rien au monde de si difficile que de pesuader à quelqu'un un sentiment qu'il n'a pas puisé lui-même dans ses propres lumieres, à moins qu'il ne flatte son amour propre. Mais vous avoüerez du moins que mon opinion est assez bien fondée pour trouver place entre les divers systêmes qui occupent le loisir des Philosophes. Un autre aveu que j'exige de vous, & qui me sera beaucoup plus cher, c'est que vous devez être satisfaite de ma complaisance; &, pour ne vous rien laisser à desirer de ce côté-là, je vais traiter encore le troisiéme point qui me reste à examiner.

III.

DU LANGAGE

DES BESTES.

PRETENDEZ-VOUS, Mad.... parce que je suis persuadé que les Bêtes parlent, que je vous explique leur langage, & que je vous donne le dictionnaire de leur langage? Je vous avouë que la chose me paroît assez difficile, & que je ne sçais trop comment m'y prendre. Je vais remonter au principe; & de là, en suivant les diverses réflexions que le sujet me fournira, je ferai, pour éclaircir la matiere, tout ce que vous pouvez raisonnablement exiger de moi; mais ne vous attendez qu'à des observations générales: les détails seroient une vraye bouffonnerie.

Pourquoi la nature a-t-elle donné aux Bêtes la faculté de parler ? C'eſt uniquement pour exprimer entr'elles leurs déſirs & leurs ſentimens, afin de pouvoir ſatisfaire par ce moyen à leurs beſoins & à tout ce qui eſt néceſſaire pour leur conſervation. Je ſçais que le langage en général, a encore un autre objet, qui eſt d'exprimer les idées, les connoiſſances, les réflexions, les raiſonnemens ; mais quelque ſyſtême que l'on ſuive ſur la connoiſſance des Bêtes, fût-ce le ſyſtême des Diables, qui leur donne une ame ſpirituelle & capable de raiſonner, il eſt certain que la nature ne leur a donné de connoiſſance que ce qui leur eſt utile ou néceſſaire pour la conſervation de l'eſpéce & de chaque individu. Point d'idées abſtraites par conſéquent ; point de raiſonnemens Métaphyſiques ; point de recherches curieuſes ſur tous les objets qui les environnent ; point d'autre ſcience que celle de ſe bien porter, de se bien conserver, d'éviter tout ce qui leur nuit, & de se procurer du bien; aussi n'en a-t-on jamais vu haranguer en public, ni disputer des causes & de leurs effets. Elles ne connoissent que la vie animale.

De cette réflexion il en suit une autre : c'est qu'en même-tems que la nature a donné si peu d'étenduë à la connoissance des Bêtes, elle a nécessairement aussi borné à proportion leurs désirs, leurs passions, & par conséquent leurs besoins. Car se sont nos désirs qui font nos besoins, & c'est la connoissance qui produit nos désirs. Sçavoir qu'on peut être heureux, & le desirer, c'est une même chose dans le cœur de l'homme. Avant le péché ses yeux étoient fermés à tous les biens humains & sensibles; il ne les désiroit pas. Le péché lui ouvrit les yeux, & il les désira pour son malheur. Hereux le sage qui sçait contenir ſes déſirs dans les bornes que la Religion & la raiſon lui preſcrivent! Treve de morale, me direz-vous, venons au fait.

La gloire, la grandeur, les richeſſes, la réputation, le faſte & le luxe ſont des noms inconnus aux Bêtes, & que vous ne trouverez pas dans le dictionnaire de leur langue. Elles ne ſçavent exprimer que leurs déſirs, & leurs déſirs ſont bornés à ce qui eſt purement néceſſaire pour leur conſervation. Ecoutez parler un Chien. Il ne ſe plaindra pas de ce que ſa niche n'eſt point dorée, ni de ce qu'on ne le ſert pas dans un plat d'argent : il ne vous demandera pas le droit de commander à tous les chiens de la maiſon : tout ce qu'il vous demandera c'eſt un peu de nourriture pour ſubſiſter : ſi vous le menacez, il tâchera de vous fléchir : ſi vous le laiſſez ſeul, il témoignera, par ſes cris, ſon déſeſpoir, & la crainte qu'il a d'être abandonné ſans retour : ſi vous le menez à la promenade, il vous remerciera avec mille expreſſions de joye : s'il voit quelque objet qui l'effraye, il vous le dira par ſes geſtes & ſes aboyemens. En un mot parlez-lui de boire, de manger, de dormir, de courir, de folâtrer, de ſe défendre contre un ennemi, & de défendre en vous ſon protecteur & ſon unique appui, il vous entendra parfaitement, & vous répondra fort bien, parce que tout cela tend à ſa conſervation, pour laquelle ſeule, la nature lui a donné la faculté d'entendre & de ſe faire entendre, c'eſt-à-dire, de parler ; mais ne traitez point avec lui de Philoſophie ni de Morale, car ce ſeroit lui parler une langue étrangere dont il ignore abſolument toutes les expreſſions. Ses connoiſſances & ſes

beſoins

besoins ne vont pas jusques-là. Amenez-lui ensuite une Chienne; la connoissance sera bientôt faite, & la conversation commencée; mais ne croyez pas qu'il perde le tems à faire des complimens à la belle sur sa beauté, sur sa taille, son esprit, sa naissance & sa jeunesse. Tous ces avantages sont pour lui autant d'idées inconnuës qu'il ne sçauroit entendre ni exprimer. La seule chose qui le touche alors, c'est le désir de multiplier son espéce, ou du moins d'en prendre les moyens. C'est uniquement sur ce point que roule toute la conversation. Mais quelle vivacité n'y voit-on pas? Tout parle dans une Bête amoureuse, comme dans l'Homme le plus passionné. Tout exprime sa passion; ses gestes, sa voix, tous ses mouvemens.

Ce principe nous fournit une premiere observation sur le langage des Bêtes: c'est qu'il est fort borné, puisqu'il ne s'étend pas au-delà des besoins de la vie; mais il ne faut pourtant pas nous faire illusion sur ce point. A bien prendre la chose, le langage des Bêtes ne nous paroît si borné que par rapport au nôtre, qui est peut-être trop diffus. Tout borné qu'il est, il suffit aux Bêtes, & le surplus leur seroit inutile. Ne seroit-il pas à souhaiter, du moins à certains égards, que le nôtre fut moins abondant & moins prolixe? Les Hommes sont naturellement grands parleurs, &, si j'osois le dire, bavards. Ils n'ont jamais assez de mots pour exprimer tout ce qu'ils veulent dire. Peu contens des idées simples, ils aiment à les disséquer, pour ainsi dire, en soudivisions: ils semblent quelquefois vouloir faire l'anatomie d'une idée ou d'un sentiment, comme un Chirurgien feroit celle de la tête. Autant de mots nouveaux par conséquent qu'il faut créer; &

quels mots ! Des mots vuides de ſens, obſcurs, équivoques ; plus propres à faire naître des diſputes, qu'à éclairer l'eſprit.

Quel abus d'ailleurs les Hommes ne font-ils pas de la facilité de parler que la nature leur a donnée ! Que d'erreurs & de menſonges font le ſujet ordinaire de nos converſations ! Que d'extravagances & de bagatelles ! Que de médiſances & de mauvais propos ! Si les Bêtes nous entendoient converſer, jaſer, mentir, médire, extravaguer, auroient-elles lieu de nous envier l'uſage que nous faiſons de la parole ? Elles n'ont pas nos avantages, mais elles n'ont pas nos défauts. Elles parlent peu, mais elles ne parlent jamais qu'à propos, & avec connoiſſance de cauſe. Elles diſent toujours vrai, & ne trompent jamais, non pas même en amour. N'eſt-ce pas à leur tour un avantage qu'elles ont ſur nous ? Elles ſont à cet égard à peu près dans le cas des

Payſans de nos campagnes, des Négres & des Sauvages de l'Amerique. Je ſerois même tenté d'en faire des Philoſophes, & d'en comparer du moins beaucoup d'eſpéces à Diogene, vivant dans une petite baraque, content du pur néceſſaire, fuyant le commerce des hommes, & ne parlant que par néceſſité. Tel eſt un de ces gros Chats barbus & bien fourrés, que vous voyez tranquille dans un coin, digérant à loiſir, dormant ſi bon lui ſemble; ſe donnant quelquefois le plaiſir de la chaſſe; jouiſſant d'ailleurs paiſiblement de la vie, ſans ſe mettre en peine des événemens qui nous agitent, ſans ſe fatiguer l'eſprit par mille réflexions inutiles, & peu curieux de communiquer aux autres ſes penſées. Il ne faut, à la vérité, qu'une Chate qui vienne à paroître pour déranger toute ſa Philoſophie; mais nos Philoſophes ſont-ils plus ſages dans l'occaſion?

Il faut pourtant nous tenir au vrai. Je ne veux ni vous séduire, ni m'éblouïr moi-même par des raisonnemens moins solides que spécieux. Les Bêtes en général parlent peu : il y en a même de si taciturnes, qu'elles ne disent pas quatre mots dans un jour. Telles sont, entre celles que nous connoissons le plus, les Anes, les Chevaux, les Bœufs, les Moutons, & la plûpart des Quadrupedes. La raison en est toute simple : c'est que la nature n'a donné à ces animaux qu'une nourriture si legere & si aisée à digérer, qu'il faut qu'ils la renouvellent sans cesse pour prévenir la faim ; ce qui occupe tout leur loisir. Mais en récompense vous m'avoüerez qu'il y a des Bêtes qui ne déparlent point. Tels sont entr'autres les Oiseaux ; & ce que je vous prie de bien remarquer, c'est que ce sont les fémelles qui parlent le moins. Comme le langage des Oiseaux est, pour ainsi dire, le mieux articulé, & le plus sensible pour nous, prenons-le pour exemple. Vous pourrez juger par lui du langage des autres Bêtes, en y mettant les différences qu'on remarque aisément dans chaque espéce.

Les Oiseaux chantent, dit-on; c'est une erreur. Les Oiseaux parlent & ne chantent point. Ce que nous prenons pour un chant n'est que leur langage naturel. La Pie, le Geai, le Corbeau, la Choüette, le Carnard chantent-ils? Ce qui nous fait croire qu'ils chantent, ce sont les accens de leur voix. C'est ainsi que les Hottantots dans l'Affrique semblent glousser comme le Coq d'Inde, quoique ce soit l'accent naturel de leur langue, & qu'il y a des peuples qui nous paroissent chanter en parlant. Les Oiseaux chantent, si l'on veut, dans le même sens; mais ils ne chantent point pour chanter, comme nous nous imaginons. S'ils chantent, ce n'est que pour parler; & il est assez plaiſant qu'il y ait ainſi dans le monde un peuple ſi nombreux qui ne parle qu'en muſique ou en chant. Mais que diſent-ils enfin ces Oiſeaux ? Il faudroit le demander à Apollonius de Thiane, qui ſe vantoit d'entendre leur langage. Pour moi qui ne ſuis pas devin, je ne puis vous donner que des conjectures vraiſemblables.

Prenons pour exemple la Pie, qui eſt ſi cauſeuſe. Il eſt aiſé d'obſerver que ſes diſcours, ou ſes chants, ſont variés. Tantôt elle abaiſſe ou éleve le ton ; tantôt elle preſſe ou rallentit la meſure ; tantôt elle prolonge ou abrege ſon caquet. Ce ſont évidemment autant de phraſes différentes. Or, en ſuivant le principe que j'ai établi, que les connoiſſances, les déſirs, les beſoins des Bêtes, & par conſéquent leurs expreſſions ſont bornées à ce qui eſt utile ou néceſſaire pour leur conſervation, il me semble qu'il n'y a rien de plus aisé que d'entendre d'abord en général le sens de ces différentes phrases ; & ne prenez point ceci pour une plaisanterie, c'est la pure vérité, ou du moins tout ce que je connois de plus approchant. Car dès qu'une Pie ne peut parler que pour exprimer ce qui lui est utile ou nécessaire, toutes les fois qu'elle parle, observez dans qu'elle circonstance elle se trouve par rapport à ses besoins ; voyez ensuite ce que vous diriez-vous-même en pareille circonstance ; c'est là précisément ce qu'elle dit. Si elle parle, par exemple, en mangeant avec beaucoup d'appétit, il n'est pas douteux que ce qu'elle dit alors, c'est ce que vous diriez vous-même en pareille occasion : » Voilà qui est bon ; voilà qui me fait du bien. « Si vous lui présentez quelque chose de mauvais, elle ne manque pas de dire, comme vous diriez vous-même : » Cela » me-

» me déplaît ; cela ne vaut rien
» pour moi. « Placez-vous, en un mot, dans les diverses circonstances où peut être quelqu'un qui ne connoît & qui ne sçait exprimer que ses besoins, & vous trouverez dans vos propres discours l'interprétation de ce que dit une Pie dans les mêmes circonstances. » Il n'y a plus rien
» ici à manger ; allons ailleurs.
» Où allez-vous, ma compagne ?
» Je m'en vais ; suivez-moi. Ve-
» nez vite, accourez. Voici de
» bonnes choses. Où êtes-vous ?
» Me voici. Ne m'entendez-vous
» pas ? Vous mangez tout ; je
» vous battrai. Ahi, Ahi. Vous me
» faites mal. Qui est-ce qui arri-
» ve là. J'ai peur ; gare, gare.
» Allarme, allarme ; cachons-
» nous, sauvons-nous. « Je pourrois, comme vous voyez, allonger ce dictionnaire de beaucoup de phrases semblables, sur tout en y ajoutant toutes les expressions dictées par l'amour, la jalousie, la dou-

leur & la joye; mais n'eſt-ce pas beaucoup d'avoir oſé vous en donner un échantillon?

A propos de la joye, permettez-moi de faire une petite digreſſion. Sçavez-vous bien que nos anciens Philoſophes ont prétendu que les Bêtes ne rient point, & que le rire eſt une propriété eſſentielle de l'Homme excluſivement aux Bêtes? Mais n'eſt-ce pas encore là une vieille erreur? & n'eſt-il pas évident que les Bêtes rient très-bien à leur maniere, & tout auſſi bien que l'Homme? Voyez deux jeunes Chiens folâtrer enſemble dans une campagne; ſe ſurprendre l'un l'autre; ſe faire des niches & de fauſſes peurs. Tout cela ſe peut-il faire ſans rire? Eſt-il donc eſſentiel au rire qu'il ſe faſſe, comme dans l'Homme, par un mouvement des lévres & de la bouche, avec un ſon de voix convulſif? Le rire n'eſt qu'une expreſſion de joye, & cette expreſſion eſt néceſſairement différente dans les diverses espéces d'animaux. L'Homme rit à sa maniere, & le Chien rit à la sienne. Qu'importe que ce soit par un éclat de voix, ou par un simple mouvement des oreilles ou de la queuë, ou quelqu'autre expression semblable ? C'est toujours rire. Quel parti allez-vous prendre, Mad..... ? Suspendez, je vous prie, un moment votre décision. Je suis de l'avis des anciens Philosophes ; & en voici la raison. Le rire est une expression de plaisir & de joye ; mais tout plaisir & toute joye ne produit pas le rire. La seule joye qui produit le rire, est celle qui est accompagnée de surprise, & qui naît en nous à la vûë subite de quelque assortissement bizarre de deux idées ou de deux choses incompatibles, comme d'un Magistrat habillé en Arlequin, ou d'un mal-à-droit qui veut faire le capable. Cela est si vrai que la même chose qui nous fait rire dans des circonstances ordinaires, cesse de nous paroître risible dans d'autres circonstances. Nous rions d'un Homme qui, pour son plaisir ou par vanité, entreprenant de sauter un fossé plein d'eau, tombe au milieu ; mais que ce même accident arrive à un autre Homme qui fuit un ennemi armé, loin d'en rire, nous en sommes affligés : il faut par conséquent, pour être capable de rire, pouvoir comparer ensemble deux idées, & en appercevoir l'incompatibilité ; or, c'est ce que les Bêtes ne sçauroient faire, parce qu'elles n'ont pas des connoissances directes. Elles ont des sentimens de satisfaction, de plaisir & de joye, & la plûpart les expriment très-distinctement ; mais elles ne peuvent point avoir cette joye qui naît de réflexion ou de comparaison. Donc les Bêtes ne rient jamais, & les anciens Philosophes ont eu raison. Revenons à nos Oiseaux.

On peut m'objecter que les Oiseaux répétent toujours la même chose, & par conséquent ne varient point leurs phrases comme je le prétends. A cela je réponds, qu'outre les différences qu'il est aisé de remarquer dans le parler des Oiseaux, de vîtesse ou de lenteur, de haut & de bas, de longueur & de briéveté, il y en a vraisemblablement beaucoup d'autres que nous n'appercevons pas, faute d'entendre leur langage; mais que les Oiseaux entr'eux remarquent fort bien. Distinguons-nous leur physionomie? A peine nous doutons-nous qu'ils en ayent de différentes; rien n'est cependant plus certain, & ils ne s'y trompent point. J'ai vû une Hirondelle porter à manger à six ou sept petits rangés à la file sur une aiguile de cadran. Les petits avoient beau changer de place, la mere ne se méprenoit jamais en donnant à manger deux fois de suite au même, & elle n'en oublioit aucun. Que dans un troupeau de cent Agneaux une Brebis entende bêler le ſien, elle le reconnoît auſſi-tôt & court le chercher. Deux Moineaux ſe reconnoiſſent entre mille au ſon de la voix. Je pourrois alléguer cent faits pareils pour prouver que tous les animaux ont, dans leur commerce, entr'eux une fineſſe de diſcernement qui nous échappe, & qui leur fait remarquer entr'eux des différences qui ſont abſolument imperceptibles pour nous; ſi donc beaucoup d'Oiſeaux nous paroiſſent chanter toujours la même chanſon, comme le Moineau, le Pinſon, le Serin, ne concluons pas qu'ils diſent toujours la même choſe. Croyons plutôt que c'eſt un effet du peu de fineſſe de nos oreilles, par rapport à un langage qui nous eſt totalement étranger & inconnu. Quand nous diſons: *Chaſſez ce mâtin*; &: *Je ſuis arrivé ce matin*: nous diſtingons ces deux *ma-*

tins par la prononciation ; mais la différence est si peu sensible pour un étranger, qu'il ne l'apperçoit presque pas. La langue Chinoise est pleine de semblables différences, que les étrangers ont toutes les peines du monde à sentir, & à faire sentir. Je m'imagine qu'un Homme né sourd qui entendroit, pour la premiere fois, parler les Hommes entr'eux, se persuaderoit aussi, ne connoissant ni voyelles, ni mots, ni syllabes, qu'ils diroient toujours la même chose. Tel est le jugement que nous portons du ramage des Oiseaux.

Je ne veux pourtant point abuser de cette réflexion pour soutenir qu'un Rossignol dans le printems varie autant ses discours qu'il varie son chant, ou qu'un Serin dans sa cage dit autant de phrases différentes qu'il répéte de fois sa chanson. Non. Je suis au contraire persuadé que les oiseaux sont babillards, & amis des répétitions; il eſt même néceſſaire qu'ils le ſoient, & en voici la raiſon. Pour dire : *Je vous aime*, nous avons cent phraſes ſynonymes, cent expreſſions différentes; & il n'y a point de Thême que nous ne puiſſions, comme on dit, faire en deux façons. C'eſt un effet de la ſupériorité de nos connoiſſances, de la multiplicité de nos idées, &, pour ainſi dire, de la ſoupleſſe & de l'étenduë de notre eſprit, qui embraſſe pluſieurs objets enſemble, & qui apperçoit leurs rapports réciproques. Il n'en eſt pas ainſi des Bêtes; la nature a donné à leurs connoiſſances des bornes ſi étroites, qu'elles ne peuvent enviſager qu'un objet à la fois; &, comme elles l'enviſagent toujours ſimplement & de la même maniere, elles n'ont auſſi communément qu'une ſeule façon d'exprimer leurs connoiſſances ou leurs ſentimens. Cette remarque eſt importante pour connoître plus à fond le langage des Bêtes. Non-seulement il est borné, comme j'ai déja dit, aux seuls objets qui intéressent leur conservation ; mais il est encore borné par lui-même, en ce qu'il n'a communément qu'une seule expression pour chaque objet ; & c'est là la cause de leurs répétitions fréquentes ; car comme il est naturel que les Bêtes insistent toujours sur le même objet, jusqu'à ce que leur désir soit satisfait, ou qu'il soit détourné par un objet plus pressant, & comme elles n'ont qu'une seule façon de s'exprimer sur chaque objet, il est nécessaire qu'elles répétent toujours la même expression, & que cette répétition dure aussi long-tems que l'objet les occupe. C'est ainsi qu'un Chien qui aboye la nuit pour quelque bruit qu'il a entendu, ne fait évidemment que répéter toujours la même phrase : » Prenez garde. J'entends du bruit qui m'in-

» quiéte. Ou : Je vois quelqu'un » dont je me défie : « & qu'il la répétera toujours jusqu'à ce que sa crainte soit passée. C'est ainsi qu'un Pinson amoureux répéte sans cesse à sa femelle la même expression de son amour & de sa tendresse, & ne lui dira vingt fois de suite que la même phrase : » Je vous aime, je vous aime; ou quelqu'autre équivalente. Mais dans d'autres circonstances, comme dans celles de la colere & de la jalousie, de la satisfaction ou de la douleur, nous voyons que ce Chien, & ce Pinson, employent beaucoup d'autres phrases différentes; ou, si nous n'en appercevons pas les différences, c'est uniquement, ou la faute de nos organes, ou le peu de connoissance que nous avons de leurs accens diférens.

Il est donc vrai, pour revenir aux Oiseaux, que nous avons pris pour exemple, que la plûpart répétent beaucoup. Il ne suffit pas même de dire la plûpart;

tous ſont dans le même cas ; & ſi le Roſſignol paroît moins ſe répéter, ce n'eſt que parce que ſa phraſe eſt plus longue, & la différence de ſes accens plus marquée ; mais il n'eſt pas moins certain qu'ils ont des phraſes différentes pour les différens ſentimens qu'ils veulent exprimer ; & que cette répétition ne vient que de ce que d'une part, ils inſiſtent long-tems ſur un même objet, & que de l'autre ils n'ont pour chaque objet qu'une ſeule expreſſion. Eſt-ce un défaut dans leur langage ? Je veux bien le croire ; mais comparez encore, ſi vous voulez, ce prétendu défaut à l'avantage prétendu de nos amplifications, de nos métaphores, de nos hyperboles, de nos phraſes entortillées, & vous trouverez dans les Oiſeaux toujours du ſimple & du vrai ; & dans le langage humain beaucoup de verbiage & de menſonges outrés.

Vous ne pouvez pas du moins

refuser à la ſimplicité de leur langage un avantage que le notre n'a pas. C'eſt que dans chaque eſpéce il eſt uniforme, & toujours le même dans tous les tems, & dans tous les pays du monde; au lieu que dans l'eſpéce humaine, non-ſeulement chaque peuple a ſa langue particuliere, mais la langue de chaque peuple varie continuellement, & au bout d'un certain tems ne ſe reſſemble plus à elle-même. Un François du tems de Charlemagne ne nous entendroit pas plus que nous entendons un Eſpagnol ou un Anglois. Le langage des Bêtes & des Oiſeaux n'eſt point ſujet à ces variations incommodes. Les Roſſignols & les Serins d'aujourd'hui parlent précifément le même langage qu'ils parloient avant le déluge. Portez-les aux Indes & à la Chine, ils n'y trouveront point une langue étrangere; & dès leur arrivée, ils ſeront en état de converſer avec leurs ſemblables ſans le ſecours d'un interpréte. Ne ſeroit-il pas à ſouhaiter, comme on l'a propoſé quelquefois, que les Hommes, ſur ce modéle, établiſſent une langue générale qui ſeroit étenduë dans tout l'Univers ?

Remarquez, Mad. . . . . . . que cette ſimplicité, ou cette ſtérilité du langage des Bêtes, vous paroîtra encore moins défectueuſe, ſi vous faites réflexion qu'elle eſt remplacée par des mines, des geſtes, & des mouvemens qui ſont une eſpéce de langage très-intelligible, & un ſupplément de l'expreſſion vocale. Un Chien, par exemple, n'a pas d'expreſſion vocale pour demander pardon, quand il apperçoit que vous êtes en colere contre lui ; mais que fait-il ? Il s'humile devant vous ; il rampe à vos pieds dans la poſture d'un ſuppliant. Il n'a pas de phraſe pour dire, ouvrez-moi la porte, mais il y gratte, & vous avertit par là du déſir qu'il a d'entrer ou de ſortir.

Ne sont-ce pas-là des actions parlantes? Sans doute, puisqu'elles se font bien entendre. Ce seroit ici le lieu de faire, comme dit le proverbe populaire, des commentaires sur les grimaces des Singes. Car il n'est pas douteux que si, entre ces grimaces, il y en a qui ne sont que de pures grimaces, il y en a d'autres qui sont autant d'expressions qui valent bien des mots & des paroles.

Mais n'est-ce pas prendre trop d'avantage que de citer, comme je fais, d'une part l'exemple des Oiseaux qui sont en effet grands parleurs, & de l'autre celui des Chiens & des Singes qui sont grands gesticulateurs, tandis qu'il y a tant d'autres espéces de Bêtes qui n'ont que très-peu ou point d'expressions vocales, & dans lesquelles nous ne remarquons d'ailleurs aucun de ces gestes ou de ces actions parlantes? Non. Je n'ai prétendu rien dissimuler. Si j'ai cité ces exemples, c'est uniquement parce que ces Bêtes vivant au milieu de nous, nous les connoissons beaucoup mieux que toutes les autres espéces, & qu'il faut toujours raisonner sur les exemples les plus sensibles pour éclaircir des faits moins connus ; mais qu'importe que je cite l'exemple des Chiens ou des Chats ? La nature est constamment uniforme ; c'est un principe certain ; & par conséquent tout ce que nous remarquons d'essentiel dans une espéce de Bêtes, il faut le conclure pour toutes les autres.

J'avouë que les Poissons & les Réptiles présentent ici à nos préjugés une assez grande difficulté. Comment concevoir qu'une Carpe ne soit pas en effet aussi muette qu'on le dit communément ? Et quelle sepéce de langage peut-on imaginer entre deux Cloportes, ou deux Fourmis ? Les Oiseaux chantent, les

Chiens aboyent, les Loups hurlent, les Cerfs brament, les Chevaux hanniſſent, les Moutons bêlent; mais le Poiſſon & l'Inſecte rampant paroiſſent abſolument muets. Il eſt vrai que s'il y a quelques eſpéces de Bêtes dont le langage eſt plus ſenſible, & ſur lequel j'ai pû hazarder quelques conjectures vraiſemblables, ce ſeroit trop exiger de moi que de prétendre que j'explique de la même maniere celui des Réptiles & des Poiſſons; car on peut bien prouver qu'ils ont un langage, quel qu'il ſoit, puiſque toutes les autres eſpéces de Bêtes en ſont pourvûës; mais comment entreprendre de le connoître & de le démêler? Les uns vivent dans un élément qui nous eſt interdit; les autres nous échappent par leur petiteſſe.

Gardons-nous cependant ſur ce point de nous livrer trop à nos préjugés. D'où ſçavons-nous que les Poiſſons n'ont pas autant, &

& peut-être plus, d'expressions vocales que les Oiseaux mêmes? Les uns & les autres paroissent avoir été formés à peu près sur le même modéle. Les uns volent, les autres nagent; mais voler & nager est une même chose; l'élément seul est différent. Il est dit dans la Genese que Dieu créa en même-tems du sein des eaux les Oiseaux & les Poissons; ce qui a servi de fondement à quelques Moines pour se persuader qu'on pouvoit les jours maigres manger indifféremment des uns & des autres. Les Poissons sont pourvûs des cinq sens que nous voyons dans les Oiseaux, & dans tous les autres Animaux; pourquoi n'auroient-ils pas aussi, comme eux, la faculté de parler? Si nous ne les entendons parler, ni chanter, c'est peut-être faute d'un organe propre à les entendre. L'eau est remplie & toute pénétrée d'air que les Poissons respirent; pourquoi n'en pourroient-ils pas, par le moyen d'un reſſort équivalent à la langue & au goſier, former des vibrations & des ſons trop délicats, à la vérité, pour nos oreilles, mais qui ſeroient entendus dans chaque eſpéce. Obſervez, s'il vous plaît, que l'oreille de l'Homme eſt extrêmement groſſiere, & que c'eſt l'effet d'une providence néceſſaire. Car ſi notre oreille étoit ſenſible aux plus petites vibrations de l'air dans lequel nous vivons, nous ſerions continuellement étourdis de mille bruits confus qui ne nous permettroient d'en diſtinguer aucun. Il y a donc certainement dans l'air beaucoup de ſons que nous n'entendons pas; tel eſt le bruit que fait un ver à ſoye en grugeant une feüille de murier; s'il eſt ſeul, ou s'il n'y en a que cinq ou ſix, perſonne ne les entend; mettez-en une certaine quantité dans un cabinet, & alors tous ces petis bruits raſſemblés à l'uniſſon ſont très-ſenſibles à nos oreilles. Combien plus eſt-il poſſible qu'il y ait dans l'eau des bruits inſenſibles pour nous, & que par ce moyen les Poiſſons parlent ſans que nous puiſſions les entendre. J'aime du moins à me le figurer pour ne rien ôter aux ouvrages de la nature, de la perfection qu'elle a coutume de leur donner; & je ne pourrois penſer, ſans quelqu'eſpéce de chagrin Philoſophique, qu'elle eût condamné à un éternel ſilence tant de peuples innombrables qui habitent les eſpaces immenſes des mers & des rivieres. Le ſilence eſt le partage des morts. La parole donne la vie aux vivans mêmes. Riez, ſi vous voulez, d'une idée ſi nouvelle, & plaiſantez ſur les Poiſſons parlants, comme ſans doute on ſe mocqua du premier qui fit mention des Poiſſons volans; mais prenez garde que l'un ne ſoit auſſi vrai que l'autre, & qu'il n'y ait dans vos plaiſanteries plus de préjugés que de raiſons. Pour moi je trouve cette idée fondée en raisonnement & en vraisemblance ; & cela me suffit pour l'adopter, jusqu'à ce qu'on m'ait détrompé par des raisons plus fortes.

Les Réptiles & les Insectes sont précisément dans le même cas. Il y a plusieurs espéces de Réptiles qui ont des expressions vocales très-sensibles, comme les Serpents, les Grenouilles, les Crapauts ; & par conséquent en raisonnant sur le principe de l'uniformité de la nature, on est en droit de supposer dans les autres l'équivalent, sans compter le supplément des mines, des gestes, & des regards. Il n'en est pas tout-à-fait ainsi des Insectes. Il n'y en a aucune espéce qui ait une expression vocale proprement dite que nous connoissions ; car on sçait que le cri du Grillon, le chant de la Cigale, le cri de certains Papillons, le bourdonnement des Mouches, n'est point ce qu'on appelle un son de voix, & que c'est un bruit causé par le frémissement d'une membrane; mais qu'importe? Il n'est pas douteux que le cri du Grillon & de la Cigale ne leur serve à s'appeller pour se joindre ensemble, & vraisemblablement pour s'entretenir. On peut croire que le bourdonnement des Mouches leur sert de même à se reconnoître dans chaque société, soit par l'uniformité & l'unisson du ton, soit par des différences imperceptibles que nous ne sentons pas; ce qui fait l'équivalent de l'expression vocale, & ce qui prouve aussi combien la nature, toujours uniforme dans le général & dans l'essentiel, sçait varier les moyens & les détails; or ce que la nature a fait pour quelques Insectes, elle l'a sûrement fait pour tous.

Il y a, par exemple, une espéce d'Araignées qui ont une façon toute particuliere de se témoigner l'une à l'autre le désir qu'elles ont de se rapprocher. Il est vrai que je n'en jamais été que témoin auriculaire, mais on m'a assuré que c'étoient des Araignées qui faisoient le bruit dont je vais parler. Une Araignée qui veut avoir compagnie frappe je ne sçais avec quel instrument sur le mur ou sur le bois où elle s'est établie, neuf ou dix petits coups à peu près semblables aux battemens d'une montre, mais un peu plus forts & plus serrés ; après quoi elle attend qu'on lui réponde. Si elle n'entend point de réponse, elle recommence d'intervalle en intervalle pendant environ une heure ou deux, reprenant cet exercice & se reposant alternativement le jour comme la nuit. Au bout de deux ou trois jours, si elle n'entend rien, elle change de demeure, jusqu'à ce qu'elle ait trouvé quelqu'un qui lui réponde. C'est une autre Araignée qui lui répond précisément de la même maniere & comme par écho. Si la proposition plaît à celle-ci, la conversation s'anime & les battemens deviennent plus fréquens. Prêtez-y l'oreille, & vous jugez par le bruit, que peu à peu l'une s'approche de l'autre, & que les battemens se joignent enfin de si près, qu'ils se confondent les uns dans les autres, après quoi vous n'entendez plus rien. Tout le reste de l'entretien se passe apparemment à voix basse. Je me suis quelquefois amusé à faire ainsi l'écho d'une Araignée que j'entendois battre, & dont j'imitois le bruit ; elle me répondoit fidélement ; elle m'attaquoit même quelquefois de conversation ; & j'en ai souvent donné le plaisir à diverses personnes, à qui je disois que c'étoit un esprit familier.

Combien de découvertes semblables ne ferions-nous pas sur les Insectes, si nos organes étoient assez déliés pour sentir & appercevoir leurs mouvemens & leurs mines, & pour entendre leur voix, ou ce qui leur tient lieu de voix? Oüi, je suis persuadé que nous trouverions dans les Fourmis, dans les Vers, les Scarabées, les Chenilles, les Cloportes, les Mites, & en un mot dans tous les Insectes, un langage établi pour leurs besoins & pour leur conservation; & comme il y a quelques espéces d'Insectes en qui nous remarquons plus d'industrie & de connoissance que dans de grans Animaux, il est à croire que ces espéces ont aussi un langage plus parfait à proportion, quoique toujours borné aux besoins de la vie.

J'ai vû quelqu'un porter beaucoup plus loin ses conjectures, & prétendre qu'avant le péché de l'Homme, les Bêtes parloient très-distinctement entr'elles, & articuloient une langue que l'Homme entendoit parfaitement, comme elles entendoient aussi le langage de de l'Homme. Il trouvoit le fondement de cette conjecture dans la conversation que le Serpent eut avec Eve dans le Paradis Terrestre. Si dans ce tems-là, disoit-il, les Bêtes n'avoient eu d'autre langage que celui qu'elles ont aujourd'hui, quel auroit dû être l'étonnement d'Eve d'entendre un Serpent lier conversation avec elle, & lui faire des raisonnemens suivis ! Jugeons-en par l'étonnement de Balaam lorsqu'il entendit son Anesse parler. Frappé de cette merveille, il reconnut son crime, & obéit à la voix de Dieu. Jugeons-en encore par l'effet que feroit sur nous un pareil événement. Si tout à coup nous voyions un Chien s'asseoir vis-à-vis de nous, & nous faire un discours suivi & raisonné, pour nous porter à commettre un crime, ou même pour nous persuader quelque chose d'indifférent, quelle seroit notre surprise ? Les cheveux nous dresseroient sur la tête; nous croirions voir le diable; &, loin de nous laiſſer perſuader, nous aurions horreur de pareils conſeils; nous nous en défierions du moins, & nous irions au plus vîte conſulter quelqu'un. Eve cependant ne fit rien de tout cela. Eve, qui étoit ſi vertueuſe & ſi éclairée, écouta tranquilement le diſcours artificieux du Serpent, diſputa contre lui, & enfin ſe laiſſa ſéduire. Il falloit donc, concluoit-il, que le Serpent, & par conſéquent toutes les autres Bêtes, parlaſſent alors comme les Hommes, & que ſi elles ne parlent plus aujourd'hui de la même façon, ce ſoit un châtiment de Dieu pour avoir ſervi d'organe au diable, & avoir contribué au péché de l'Homme.

Cette idée m'a fait rire; &, ſi elle vous faiſoit plaiſir, je ſerois tenté de vous laiſſer l'adopter, d'autant plus que Platon dans ſa politique a penſé des Bêtes quelque chose de semblable ; que Joseph dans ses antiquités est du même sentiment ; & que Saint Basile (ce qui est beaucoup plus fort) dit formellement dans son Homélie du Paradis Terrestre, dont il fait une assez belle description, qu'il étoit peuplé de Bêtes *qui s'entendoient entr'elles & qui parloient sensément*. Ce sont ses propres termes autant qu'il m'en souvient : car je n'ai point ici de Saint Basile. Mais vous m'accuseriez peut - être de vouloir aussi vous séduire comme le Serpent séduisit Eve, si je vous dissimulois ce qu'on doit penser de cette opinion. Ce n'est qu'une vaine conjecture qui n'a d'autre fondement que la sécurité d'Eve en raisonnant avec le Serpent. Or ce fondement est absolument ruineux. Car avant le péché Eve ne connoissoit ni la crainte ni la défiance. Elle vit bien, sans doute, que le Serpent n'étoit que l'organe de quelque puissance ſupérieure. Cela même picqua ſa curioſité, d'autant plus qu'étant née immortelle & exempte de douleur, elle ſçavoit bien qu'elle n'avoit rien à craindre; &, ſa curioſité la rendant encore plus hardie, elle fit l'épreuve fatale de ſa foibleſſe. Vous voyez que je n'aime que le vrai; mais permettez-moi cependant de profiter en paſſant du texte de Saint Baſile pour autoriſer mon ſentiment ſur le langage des Bêtes. Car ſi elles s'entendoient entr'elles dans le Paradis Terreſtre, & ſi elles *parloient ſenſément*, c'eſt-à-dire, avec connoiſſance, à propos & conformément à leurs beſoins, pourquoi auroient-elles perdu ce privilége?

Il eſt tems de finir ce petit Ouvrage. Je ſuis ſur le point de retourner à Paris, & je veux qu'il devance mon arrivée, afin que vous ayez le tems de faire vos réflexions pour me les communiquer à mon retour. Mais finirai-je sans vous donner un dictionnaire détaillé du langage des Bêtes? Hélas! oüi, car vous voyez bien que la chose est impossible. Autant d'espéces de Bêtes, autant de dictionnaires différens; il est vrai que chaque dictionnaire seroit fort court; mais le nombre en seroit infini. Pour vous donner celui des Oiseaux, il faudroit pouvoir distinguer & pouvoir noter les quarts, & demi-quarts de ton, dont leur langage est composé; il faudroit pouvoir prêter l'oreille à tout ce qu'ils disent dans toutes les circonstances; & c'est un peuple si vif & si sauvage qu'il n'est pas possible de le suivre.

Le Serin est plus familier. Aussi pourrez-vous avec un peu d'attention démêler la signification de la plûpart de ses phrases. Quand il voit que sa femelle néglige de couver ses œufs & s'absente du nid trop long-tems, écoutez son discours; il lui dit sûrement alors qu'il est inquiet; qu'il faut qu'elle aille à ses œufs; qu'il la battra si elle ne rentre dans le nid. Lorsque la femelle, obligée de tenir ses petits chaudement sous elle, n'a pas le tems d'aller manger, & que le mâle lui dégorge de la nourriture dans le bec, elle lui témoigne sa satisfaction par le battement de ses aîles, & par un petit cri différent de tous les autres, qui doit nécessairement signifier: » Je suis bien aise; vous » me faites plaisir. « Il y a surtout deux circonstances où le Serin, ainsi que le Rossignol, le Pinson, la Fauvette & tous les Oiseaux, parle, ou, si vous voulez, chante plus qu'à l'ordinaire. C'est lorsqu'il appelle ou qu'il sollicite une femelle, & tandis qu'elle couve ses œufs, ou ses petits. Quoique dans ces deux circonstances sa phrase paroisse la même, on peut cependant remarquer, outre les différences que nous n'appercevons pas, que dans la premiere, le chant est plus vif, plus animé, & accompagné d'action. Eh que peut-il signifier alors si ce n'est: » Venez, charmante femelle qui cherchez un » mari, je vous épouserai; nous » ferons ménage ensemble. « Dans la seconde circonstance le Serin & le Rossignol disent toute autre chose. Ce qui les fait chanter alors, c'est le besoin de rassûrer la femelle trop occupée pour songer à sa sûreté. Le mari veille pour elle perché sur une branche voisine, d'où il observe tout ce qui se passe pour avertir sa femme, s'il survient quelque juste sujet de crainte. S'il cessoit quelque tems de chanter la femelle inquiéte quitteroit son nid. Tandis qu'il chante elle y reste tranquille; mais croire que le Rossignol chante alors pour chanter, c'est un préjugé qui n'a nulle vraisemblance, puisque les Oiseaux n'ont nulle idée de chant, ni aucun ſentiment d'harmonie. Quand même on voudroit croire qu'il chante, il faudroit toujours ſuppoſer qu'il chante des paroles; je veux dire que ſon chant ſignifie quelque choſe. Eh ! que peut-il vouloir exprimer alors, ſi ce n'eſt de dire à ſa femme : » Soyez tran» quille; je veille pour vous; vous » n'avez rien à craindre; je vous » avertirai s'il arrive quelque cho» ſe. « Voilà ce que diſent tous les Oiſeaux, & ce qu'ils répétent tout le jour en pareille circonſtance. Le Moineau plus laconique dans ſon ſtile, le dit en une phraſe fort courte, mais qu'il répéte continuellement. La phraſe du Pinſon eſt un peu plus longue; celle du Serin l'eſt encore davantage; celle de la Fauvette encore plus; & enfin celle du Roſſignol eſt la plus longue de toutes; car je ne regarde toute la ſuite de ſon chant, que comme une ſeule phraſe, qui n'en dit pas plus que celle du Moineau.

Telle eſt auſſi la phraſe que deux Chats rivaux miaulent en dialogue ſur une goutiere. Ce n'eſt qu'une longue phraſe répétée, qui exprime leur jalouſie & leur colere; auſſi eſt-elle toujours ſuivie d'un combat en forme & de la défaite de l'un des deux; de ſorte qu'on pourroit les comparer aux Héros d'Homere qui ne manquoient jamais de ſe faire l'un à l'autre de longues harangues avant que d'en venir aux coups de main.

Voilà inſenſiblement, Mad.... un petit détail de dictionnaire que je vous fais, qui pourra, ſi vous voulez, vous ſervir de clef pour expliquer du mieux que vous pourrez le langage de toutes les Bêtes. Voulez-vous encore une méthode fort ſimple? la voici. Tout le langage des Bêtes ſe réduit à exprimer les ſentimens de leurs paſſions, & on peut réduire toutes leurs paſſions à un petit nombre; ce ſont, le plaisir, la douleur, la colere, la la crainte, l'amour, le désir de manger, le soin de leurs petits. Si vous voulez donc avoir le dictionnaire du langage des Bêtes, observez-les dans les circonstances de ces différentes passions ; &, comme elles n'ont communément qu'une expression pour chacune, vous aurez bien-tôt composé vos dictionnaires sur le modéle que je vous ai proposé. Ensuite de ces différens dictionnaires réünis, vous en ferez un polyglotte qui contiendra tous les différens langages des Bêtes. Par exemple, cette phrase: » Je sens de la douleur, « Vous la rendrez de suite en langage de Chien, de Chat, de Cochon, de Pie, de Merle, &c. Le tout bien noté en bécare & en bémol, & je vous réponds que cela fera une lecture des plus comiques.

Je plaisante comme vous voyez. Il le faut bien. Mais que direz-vous de ma franchise ? Je vais vous faire un aveu qui réduit presqu'à rien tout le langage des Bêtes. C'est qu'il en faut absolument retrancher tout ce qui s'appelle phrase & construction de grammaire, sans en excepter les plus courtes. Croiriez-vous bien, par exemple, que le Rossignol le plus éloquent, ne peut pas dire dans son langage: *J'aime; je suis bien aise; je sens du plaisir.* Rien n'est plus vrai. Toute phrase où il entre ce qu'on appelle en grammaire premiere, seconde & troisiéme personne, *je*, *vous*, *lui*, *nous*, & tout autre pronom semblable, sans compter les noms qu'on appelle collectifs, relatifs, comparatifs, &c. il faut les rayer toutes du dictionnaire des Bêtes. La raison en est toute simp e: c'est que tous ces mots expriment des idées abstraites & métaphysiques, que les Bêtes ne sçauroient avoir. Elles n'ont que des connoissances directes absolument bornées à l'objet présent & matériel qui frappe leurs ſens. L'Homme infiniment ſupérieur dans ſon langage, comme dans ſes idées, ne ſçauroit s'exprimer ſans compoſer ſon diſcours de termes perſonnels & relatifs qui en déterminent le ſens & l'application. Ceux mêmes qui parlent le plus mal une langue, comme un Allemand qui écorche le François, vous diront : *Moi ſouffrir fiévre ; vous aimer vin.* Dans les Bêtes la façon de s'exprimer eſt encore beaucoup au-deſſous de ce jargon ; & ſi j'ai rendu leurs expreſſions par des phraſes compoſées à notre maniere, c'eſt que je ne pouvois pas les rendre autrement ; car dans la vérité les Bêtes ne peuvent, pour ainſi dire, exprimer que le nom des paſſions qu'elles ſentent : elles ne peuvent avoir d'autres expreſſions que celles qui répondent à celles-ci, douleur, plaiſir, crainte, colére, &c.

J'en ſuis fâché pour l'honneur des Bêtes ; mais il faut être vrai,

& je n'ai pas entrepris de leur rien attribuer de plus que ce que la nature elle-même a jugé à propos de leur donner. Ne croyez pourtant pas que tout ſoit perdu. Car à bien prendre la choſe, qu'importe que les Bêtes diſent une phraſe perſonnifiée & composée à notre maniere, pourvû qu'elles ſe faſſent également entendre ? Il eſt vrai que votre Chienne ne peut pas vous dire : *Je vous aime* ; mais ce qu'elle vous dit ſignifie en effet qu'elle vous aime, & vous l'entendez fort bien. Que lui faut-il davantage, & que pouvez-vous déſirer de plus ? Cela ne revient-il pas au même ? Sans doute. Ainſi ne vous découragez pas, Mad..... &, ſi vous avez du tems à perdre, mépriſez la chicanne que je viens de vous faire, & travaillez ſérieuſement à vos dictionnaires. Que vous aurez de plaiſir quand vous ſerez devenuë aſſez habile pour converſer avec les oiſeaux, & pour entendre tous les ſecrets de leur ménage ! on ne vous verra plus que dans les bois, & le monde s'en prendra peut-être à moi de l'avoir privé d'une ſociété auſſi aimable que la vôtre. Adieu.

FIN.

LETTRE
A MADAME
LA COMTESSE
D***

Pour ſervir de Supplément à l'Amuſement Philoſophique ſur le Langage des Bêtes.

AVERTISSEMENT

Sur la Lettre adressée

A MADAME LA COMTESSE D***

*On auroit souhaité de pouvoir supprimer la Lettre ou la Critique suivante ; cependant on s'est déterminé à la joindre à l'Ouvrage de l'*Amusement Philosophique, *parce que le Lecteur ayant encore les idées récentes de cet Amusement qui reste sous ses yeux, sera moins susceptible des impressions de la censure, que s'il la lisoit dans une brochure détachée de ce Recueil : plusieurs Critiques sont tolérées par cette seule raison, que le Lecteur n'a pas la précaution ou la facilité de les compulser avec les Ecrits qui en font l'objet, & que le Censeur ajuste & inter-*

*prête à ſa façon. Cette Critique ſervira auſſi pour juſtifier ce qui eſt avancé dans la Préface de ce Recueil, contre l'injuſtice & l'animoſité des Adverſaires de l'A*muſement Philoſophique.

LETTRE A MADAME LA COMTESSE D***

Pour servir de Supplément à l'Amusement Philosophique sur le Langage des Bêtes.

CROIRIEZ-VOUS, Madame, que l'on vient en quelque sorte de réveiller les idées folles des anciens Egyptiens, qui adoroient le Chat, le Crodille, le Rat, & autres animaux; avec cette différence, que c'étoient des Dieux pour ces Peuples aveugles, & qu'aujourd'hui ce sont des Démons pour nous. Or, comme en général les Dieux* du Paganisme n'étoient autre chose que des Diables, qui rendoient des† Oracles par la bouche des Idoles, (quoiqu'en dise Vandale & son Abbréviateur) imaginez-

* Les Dieux du Paganisme n'étoient point des Démons; ils n'étoient, à proprement parler, que de simples figures, & des Idoles insensibles & sans pouvoir, méprisées par le commun des gens sensés.

Olim Truncus eram ficulnus, inutile lignum;
Cum faber incertus scamnum, faceret ne Priapum,
Maluit esse Deum. (HOR. sat. VIII.)

† En général les Prêtres des Dieux du Paganisme rendoient les Oracles, & non les Dieux ou les Démons. *Voyez Mr. de Fontenelle, liv. des Oracles.* On ne doute point au surplus que les Démons n'ayent aussi rendu plusieurs Oracles; mais les faux Prêtres faisoient communément cet office ou cette fourberie.

vous que tout ce que nous entendons aboyer, braire, miauler, hannir, eſt la même choſe; c'eſt-à-dire, autant d'eſprits céleſtes condamnés à faire ici bas pénitence de leur orgueil.,*

C'eſt un R. P. J. qui leur fait faire cette pénitence, plutôt que de les mettre en enfer avant le jour du Jugement dernier, croyant apparemment que ce genre de péché ſeroit trop rigoureuſement puni, s'il l'étoit depuis ſix mille ans, & ſi le châtiment n'étoit pas différé juſqu'à la fin du monde. Voilà donc les Démons en quelque ſorte rétablis dans leur réputation & ſauvés du feu pour long-tems. Ce répit n'eſt pas mauvais : qui a terme ne doit rien. Je ne doute pas que les malins eſprits exilés du Ciel ne témoignent au premier jour leur

* L'Auteur de l'Amuſement Philophique s'eſt expliqué qu'il donnoit cette fiction pour amuſer. Il eſt donc inutile de le chicaner ſur la réalité de ſon idée. Cette remarque a lieu pour toute la ſuite de la Critique.

reconnoissance au charitable Auteur, qui leur a rendu un service si considérable. Peut-être que de son côté il fera encore plus pour eux dans la suite, & qu'il voudra bien les loger dans quelques * corps semblables au sien. Il est même à croire que, sans qu'il y ait eu *bataille*, un de ces esprits pourroit bien lui avoir été si étroitement uni, que cet esprit & le sien ne feroient, pour ainsi dire, qu'une même ame, & vivroient sous le

---

* Un Auteur sérieux n'est pas obligé de remplir son esprit de toutes les extravagances, de toutes les saletés, de tous les mauvais mots que l'on peut dire, & de toutes les ineptes applications que l'on peut faire au sujet de quelques endroits de son ouvrage, & encore moins de les supprimer. Il est convaincu que, quelque scrupuleuse exactitude que l'on ait dans sa maniere d'écrire, la raillerie froide des mauvais plaisans est un mal inévitable, & que les meilleures choses ne leur servent qu'à leur faire rencontrer une sottise.

CARACT. de M. De la Bruyere.

même toit comme de bons amis.

En effet, Madame, c'eſt vraiſemblablement à l'union intime de ces deux eſprits, qu'on doit attribuer tant de jolis Ouvrages que ce célebre J... a enfantés depuis quelques années, & entr'autres l'ingénieux* *Fanferedin*, & celui où il vient de pincer ſi délicatement un Poëte illuſtre de notre ſiécle, dont le diable n'eſt pas ami du ſien: au moins ont-ils eu juſqu'ici des allures bien différentes. Le diable de l'un, mécontent de la vilaine habitation & de la turbulente compagnie où il ſe trouve, eſt forcené & comme enragé; il eſt toujours en diſcorde avec ſon hôte; c'eſt ce qui fait que les Ouvrages de ce célebre Individu, enfantés par deux eſprits ſi mal aſſortis, ſont ſemés de tant de contradictions & d'extravances, à

---

* Roman écrit avec grace & eſprit. Le ſujet en eſt fort innocent. Ce Livre a été imprimé chez Mercier, ruë St. Jacques.

peu près ſemblables aux diſcours de ce Prince haïſſable, chez qui deux ames étoient logées, comme vous l'avez vû, ſans doute, dans le Roman des *Ames rivales* de M. de Moncrif. Notre J... au contraire ſemble avoir chez lui un petit diable méchant, mais de bonne humeur, avec lequel il s'accorde parfaitement; en ſorte qu'il n'eſt jamais ſorti de ſa plume que des * malices concertées & raiſonnées.

Ce petit démon, qui depuis tant

---

* L'on a cette incommodité à eſſuyer dans la lecture des Livres faits par des gens de parti & de cabale, que l'on n'y voit pas toujours la vérité. Les faits y ſont déguiſés ; les raiſons réciproques n'y ſont point rapportées dans toute leur force, ni avec une entiere exactitude ; &, ce qui uſe la plus longue patience, il faut lire un grand nombre de termes durs & injurieux que ſe diſent des hommes graves, & qui, d'un point de doctrine ou d'un fait conteſté, ſe font une guerre perſonnelle.

CARACT. de M. de la Bruyere.

tant d'années, conjointement avec son hôte, goûtoit tout les plaisirs de la vie dans la plus grande Ville du monde, en exerçant cet *Epicurisme* * si vanté par le doux G... vient d'être banni de cet heureux séjour, où il se consoloit de son ancienne disgrace, lorsqu'il avoit été chassé du Ciel avec tant d'autres de ses semblables. Cette catastrophe lui a rappellé tristement le fâcheux Arrêt qui l'expulsa de la céleste demeure. Mais dans le triste séjour du nouvel exil, qu'il va s'ennuyer ! Plus de mets exquis, †

* L'homme que le Critique entend & veut faire entendre par ces deux lettres P. B. cet homme dis-je avoit un esprit & des mœurs fort opposés à l'Epicurisme, dans le sens qu'on le conçoit communément. M. G... qui étoit son ami lui ressemble en ce point. Le Critique a, sans doute, supposé que l'aimable badinage, la sagesse enjouée, la tranquilité & la modération de l'esprit faisoient l'Epicurien.

† C'est pousser loin la critique, que de l'étendre jusques sur la boisson d'un Auteur ;

plus de vin frais, plus de jolies maisons de campagne, où l'*aimable pere* se délassoit continuellement de ses grands travaux littéraires. Ce ne sera plus désormais qu'un petit esprit plongé dans la solitude & l'obscurité, un malheureux petit Ange sans plume & sans aîles.

En vérité c'est grand dommage. Quelle est donc la cause de sa disgrace? La voici, Madame. * Pas-

notre Critique ne bûvoit, sans doute, que de l'eau fraîche, dans le tems qu'il fit cette froide Censure.

* Le Livre censuré porte le Titre d'*Amusement*. Il ne traite que de choses indifférentes à la Religion; il n'est donc point question pour l'Auteur de ne rien avancer qui ne respire la gravité Théologique. Il y a des matieres sur lesquelles le Philosophe & le Théologien peuvent égayer leur esprit. La sagesse & la simple vérité ne proscrivent point l'aimable & innocent enjoûment : c'est ce qui a été dit par un des plus beaux esprits & des plus solides de nos jours.

Vous, dont l'esprit, né pour la vérité,
Sçait allier à des vertus austeres,
Le goût, les ris, l'aimable liberté;
. . . .

ſages de l'Ecriture burleſquement interpretés; autorités des Peres de l'Egliſe, employées d'une façon badine & ridicule; Allégories indécentes; Réflexions trop libres ſur les amours des Bêtes, répréſentées ſous les mêmes couleurs que celles des humains; * étonnant ſçavoir ſur ce point, & ſur autre choſe. Voilà en gros le dernier péché du petit diable Bas-Breton; car vous ſçavez que c'eſt en Bretagne (à Kimper-Corentin,

. . . . Un front que l'art déguiſe
Plaît moins au Ciel qu'une aimable franchiſe.
Si la vertu ſe montroit aux Mortels,
Ce ne ſeroit ni par l'art des grimaces,
Ni ſous des traits farouches & cruels.
Mais ſous votre air, ou ſous celui des Graces,
Qu'elle viendroit mériter nos autels.

VER-VERT.

* Etonnante Critique. Le Cenſeur peut comparer les petits traits ſemés dans les Fables de M. de la Fontaine ſur les intrigues amoureuſes des Bêtes, & juger enſuite de la retenuë de notre Auteur ſur le même ſujet.

dit-on) qu'il étoit né, c'eſt-à-dire, qu'il avoit commencé à s'unir au ſujet dont il s'agit. Vous me demanderez peut-être pour quelle raiſon on ne l'a pas renvoyé dans ſon païs,

[C'eſt là que vont les gens que l'on veut qu'ils enragent.]

Une Dame & une Demoiſelle, auſquelles notre Auteur débitoit ſon plaiſant ſyſtême, s'effrayent; l'une, de ce qu'il lui vouloit perſuader que ſa petite Chienne, qui la nuit couche avec elle, & le jour la careſſe, ſoit un petit diable; l'autre, de ce que ſon Perroquet, qui la réjouit par ſon babil, en ſoit un auſſi. Mais le badin Philoſophe, pour les raſſurer, leur fait entendre que les Bêtes étant étrangeres à la ſociété, & n'y entrant que pour l'utilité & l'amuſement, il importe peu que ce ſoit un diable, ou une autre eſpéce qui nous ſerve, & qui nous amuſe. Je ne ſçai s'il les fit revenir de la frayeur où il les avoit jettées : l'idée cependant n'a rien que de réjouiſſant ; & je penſe qu'elle ne vous inſpirera aucun éloignement pour ce peuple d'animaux, qui chez vous vit tous les jours de vos libéralités, & qui, chacun à ſa maniere, ſelon qu'il loge un diable plus ou moins ſpirituel, vient, autant que vous le voulez, vous marquer ſa reconnoiſſance par ſes careſſes & ſon badinage.

Ceux qui d'entre les diables pourroient nous nuire, & qui ſont à craindre, ont pour demeure les bois, les antres, les cavernes. Ainſi pluſieurs claſſes de diables : diables furieux, que nous ne voudrions pas avoir pour voiſins ; ce ſont ceux qui ſont dans le corps du Lion, de l'Ours, du Tigre, & du Loup : diables amuſans, & que nous chériſſons ; ce ſont ceux qui ſont unis aux Oiſeaux : diables badins, & qui ſavent nous plaire ;

ce font le Chien, le Chat, & le Singe: diables ferviables; ce font les Chevaux, les Mulets: diables néceffaires; ce font tous ceux dont les corps font deftinés à la nourriture de l'homme. Dans cette derniere claffe je trouve l'Apis des Egyptiens, ce Dieu qui, diable aujourd'hui, fe trouve obligé par l'indifpenfable ufage que nous faifons du corps qu'il habite, de changer fouvent de demeure. J'en fuis fâché pour ce peuple ancien, à qui nous ne marquons pas affez notre reconnoiffance des belles découvertes qu'il nous a laiffées. Mais peut-être ce Dieu aime-t-il autant à changer de demeure, que nous aimons, fuivant les faifons, à changer d'habits, & Madame.... que vous connoiffez, à changer d'Amans.

L'Auteur, Madame, eft né avec un cœur vraiment fenfible. Il plaint un cheval, qu'un Cocher accable de coups: un chien qu'on dreffe pour la chaffe, lui paroît miſérable : le ſort des Bêtes qui ſont dans les bois, lui ſemble un état triſte : il prend part à la peine d'un animal féroce qui ſe fatigue à chercher ſa proye, & qui ſouvent ne trouve qu'une legere & inſipide nourriture. Puiſqu'ils ſont des diables, ſont-ils à plaindre ? Ils n'ont que ce qu'ils méritent : comme coupables, ils doivent ſouffrir. Les hommes ſont-ils exempts de peine ? Sont - ils perſonnellement criminels, lorſqu'ils naiſſent ? Et cependant que ne ſouffrent-ils pas dans le cours de leur vie ? Faudroit-il que les diables fuſſent moins malheureux pendant pluſieurs ſiécles ? Ayant paſſé la plûpart chez les Anciens pour des Dieux, on ſe faiſoit, dans ces tems reculés, un ſcrupuleux devoir de fournir à leurs beſoins. Le P. B. me paroît avoir quelque envie de les rétablir dans leur ancienne ſplendeur ; &, s'il étoit relegué aux Indes, qui l'empêcheroit de travailler à les réédifier ? Lucien avoit moins de retenuë ; on ſçait que le plaiſir de ce Philoſophe fut de plaiſanter ſur les différentes Religions des Peuples : mais ne loüons pas ici le Philoſophe Payen aux dépens du Philoſophe Chrétien. Notre Auteur ne perd point de vuë la Religion qu'il profeſſe, ſeule capable de mettre des bornes à ſon imagination, quand même il ne ſeroit pas un ſaint Religieux.

Cependant en faiſant entrer les diables dans le corps des Bêtes, il n'y a plus (ce me ſemble) qu'un pas à faire pour * dire la même choſe de l'homme ; & cette extravagance ne ſeroit pas nouvelle, ayant été débitée par d'anciens

---

* Le Cenſeur ſort de l'objet de ſa Critique, & des bornes qu'elle lui preſcrivoit, pour s'aller perdre dans des idées éloignées de l'eſprit de ſon Auteur. Nous n'avons point de ſyſtême à faire ſur l'ame des hommes. Nous ſommes éclairés & certains à ce ſujet, qui n'eſt point ſuſceptible de plaiſanterie.

Hérétiques. Qui empêchera aussi, en admettant la métempsichose dans les Bêtes, de l'admettre pareillement dans l'homme ? Ç'a été le sentiment de Pythagore ; c'est encore celui de quelques Philosophes Indiens, des trois quarts des Amériquains, & des Asiatiques. Et en voyant de certains Auteurs de nos jours, ne seroit-on pas tenté de croire que l'esprit qui les anime, est le même que celui qui a été dans d'autres corps ? Je ne trouve pas M. L. d'O... éloigné de ce sentiment. Dans sa Lettre à M. le P. B. cet Académicien fait revivre *Zoïle* parmi nous. N'auroit-il point lui-même hérité de l'esprit d'un *Saumaise*, d'un *Laurent-valle*, d'un *George Merula*, d'un *Scioppius*, appellé le chien de la Réthorique, & de plusieurs autres du même calibre ? Car si je ne craignois de blesser la politesse, je dirois que dans sa Lettre il a trempé sa plume dans de l'excrément de pourceau. Je vous féticite, Madame, de ne pas entendre le Latin; son *Scazon* vous feroit vomir; & on ne peut que loüer son Adversaire, qui par son silence philosophique montre un esprit bien différent du *Zoïle*, à qui il le compare si malhonnêtement. Mais poursuivons.

Le P. B. par son badinage n'a point craint de renverser une partie de l'ordre établi dans la nature dès la création du monde, & d'ôter en quelque façon à l'homme sa supériorité au-dessus des autres animaux. Car si le corps des Bêtes est animé par des * Anges, les Bêtes sont dans ce sens au-dessus de l'homme. Le crime ne fait point perdre les propriétés naturelles. Ce systême, sous l'apparen-

---

* On sçait que le crime a fait perdre aux mauvais Anges leur supériorité. Les organes grossiers des Bêtes ne peuvent être censés capables de les remettre dans quelques-uns de leurs premiers avantages; l'Auteur de l'*Amusement Philosophique* n'a donc rien fait en leur faveur.

ce de l'agréable & de l'amuſant, a donc paru dangereux, & conduire à des conſéques qui ſont injurieuſes à Dieu, qui abaiſſent l'homme, rélevent les Bêtes, & donnent aux diables un ſort qu'ils n'ont pas. Mais que penſer de la comparaiſon de l'union des démons aux corps des Bêtes, avec l'union de notre corps & de notre ame, & de cette circulation éternelle d'ames, qui paſſent en d'autres corps, pour recommencer une autre vie? Ces réflexions ſont trop ſérieuſes, par rapport à un Ouvrage philoſophico-badin & ingénieuſement ridicule.

Pour moi, Madame, qui veux vous égayer par la ſingularité d'un Ouvrage qui n'a rien de *neuf*, que l'habillement François que l'Auteur lui a donné, je n'ai point dans l'eſprit de réfuter & de condamner un ſyſtême auſſi ancien que l'idolâtrie, & dont la premiere partie eſt bâtie ſur la Religion des anciens * Egyptiens. La ſeconde

* C'eſt abandonner toute vérité & raiſon, que de vouloir détruire un Ouvrage ſpirituel & eſtimable, ſous prétexte de cenſure, en corrompant l'intention de l'Auteur, & en traveſtiſſant ſon raiſonnement, pour en tirer enſuite de pernicieuſes conſéquences. La Religion des anciens Egyptiens n'a aucun trait avec ce qui eſt débité dans l'*Amuſement philoſophique.*

Quis neſcit, voluſi Bythynice, qualia demens
Ægyptus portenta colat? Crocodilon adorat
Pars hæc: illa pavet ſaturam ſerpentibus Ibin.
Effigies ſacri nitet aurea Cercopitheci.
Dimidio magicæ reſonant ubi Memnone chordæ,
Atque vetus Thebæ centum jacet obruta portis.
Illîc cæruleos, hîc piſcem fluminis, illic
Oppida tota canem venerantur, Nemo Dianam.
Porrum & cepe nefas violare & frangere morſu.
O Sanctas gentes quibus hæc naſcuntur in hortis

& troisiéme est aussi travaillée sur ce qu'ont dit les Naturalistes touchant les Bêtes ; & le Chapitre XII. du Livre II. des *Essais* de Montagne, lui a beaucop servi. A cela près je vois dans cette seconde & troisiéme partie de jolies comparaisons, tendres descriptions ; j'admire sur-tout les amoureux entretiens, par exemple de deux Moineaux, occupés de leur amour, ou des soins de l'éducation de leurs petits. A cette école, on sçait la maniere d'exprimer sa passion, on y devient de parfaits Amans, & l'on apprend des Bêtes à ne jamais tromper, *pas même en amour*.

Ici l'Auteur pense autrement que Montagne, qui, d'aprês les Naturalistes, donne aux animaux autant de délicatesse, de bizarreries & d'extravagances dans leurs

---

Numina! lanatis animalibus abstinet omnis
Mensa. nefas illic fœtum jugulare capellæ;
Carnibus humanis vesci licet.

JUV. sat. VIII.

amours, qu'en ont les hommes; il a eu raiſon. Un ſyſtême qu'il a voulu nous donner pour *neuf*, doit du moins l'être en quelque choſe. * J'avouerai cependant que ſi les Bêtes ſont capables, auſſi-bien que nous, d'infidélités & d'inconſtance, elles ont cet avantage ſur l'homme, que leur amitié eſt plus conſtante, & plus vive.

Mais comment notre *aimable Pere* a-t-il pû appercevoir des perfections que nous ne leur connoiſſons pas. C'eſt par le moyen de la connoiſſance ſupérieure qu'il leur donne, on l'appelle vulgairement inſtinct. Les Bêtes ne peuvent avoir cette connoiſſance ſans avoir un langage commun à chaque Société. L'Auteur n'eſt pas embarraſſé de faire voir que tous les animaux connoiſſent, diſtinguent, parlent & raiſonnent. Quelle différence donc entre eux &

---

* Eſſ. de Mont. l. II. ch. XII.

mous? Il n'y en a plus. L'exemple des Castors est la plus forte preuve. C'est dommage qu'elle soit une objection cent fois faite dans les Ecoles, & à laquelle on a répondu cent fois; l'entreprise de la Tour de Babel, échouée par la confusion des langues, ne permet plus à notre Philosophe de douter. Si les Castors ne parloient pas, & ne s'entendoient dans leur langage, ils ne travailleroient pas avec tant d'ordre & de concert * Montagne dit aussi des Bêtes, que l'on voit entr'elles une pleine & entiere connoissance; qu'elles s'entendent, tant celles de la même, que de différentes espéces. Au sujet de leur langage, il le prouve par Lucrece, † qui dit : Que les

---

* *Ibid.*

† *Et multæ pecudes, & denique secla ferarum.*

Dissimiles fuerunt voces variasque cluère,
Cum metus aut dolor est, aut cum jam gaudia gliscunt.

LUCR. l. v. ℣. 1678. &c.

Animaux, & domeſtiques & ſauvages, forment divers ſons, ſelon que la peur ou la joye agiſſent en eux. Ainſi le P. B. n'a que le plaiſir de la répétition, & non la gloire de l'invention.

Pour expliquer leurs opérations, ainſi que celles des Fourmis & de la Mouche à miel, le P. B. n'a point, comme vous voyez, recours à l'inſtinct.

Etes-vous d'humeur, Madame, d'en faire avec lui un *être de raiſon, un vuide de réalité, un reſte de Philoſophie Péripatéticienne?*

Peu nous importe, je penſe, que les Bêtes ayent une connoiſſance ſans inſtinct, ou un * inſtinct ſans connoiſſance. Vous appellez

* Les Philoſophes ne comprennent point, ou du moins font mal comprendre ce que c'eſt que l'inſtinct des Bêtes; cependant cet inſtinct, ſuivant l'opinion commune, ſuppoſe toujours quelques connoiſſances de la part des Bêtes.

pellez votre chienne, elle vient à vous; vous la careſſez, elle vous donne des preuves qu'elle eſt ſenſible au plaiſir que vous lui faites; c'eſt tout ce que vous en exigez. Du reſte, la connoiſſance attribuée aux Bêtes, tant à celles qui vivent en ſociété, qu'à celles qui n'y vivent pas, n'eſt point un ſentiment inſoutenable. Notre Auteur l'a puiſé encore chez Montagne, qui dit: Que les Bêtes ne peuvent ſe conduire *ſans diſcours & ſans prudence*. *Quelque choſe de plus fort: Virgile †rapporte des Abeilles (mais c'eſt une exagération Poëtique) que quel-

* *Ibid.*

† *His quidam ſignis, atque hæc exempla ſecuti,*
Eſſe apibus partem divinæ mentis, & hauſtus,
Æthereos dixere.

GEORG. l. IV. ℣. 219.

O

ques-uns ont dit qu'elles avoient une portion de l'esprit divin, & qu'elles étoient éclairées d'un rayon céleste.

Notre Auteur est *séduisant*. En croyant avec lui que les Bêtes, non-seulement connoissent, mais qu'elles parlent, comme dans le Pays des systêmes (ce sont ses termes) *il n'y a que le premier pas qui coute*, il faudra convenir que l'Huître & le Limaçon, ont aussi leur langage particulier, parce que la nature est uniforme dans ses productions; avec cette différence cependant, que la faculté de parler est plus parfaite dans les Bêtes qui vivent en société, & en famille. L'Auteur cherche à nous le persuader par l'adresse des Loups, qui concertent ensemble des ruses de guerre, pour tromper la vigilance du Berger; par le combat d'un Moineau, qui trouve à sa bienséance le nid d'une Hirondelle, dont il cherche à s'emparer; par la conduite admirable des Singes, lorſqu'ils vont à la picorée, qu'il compare à une troupe de Soldats qui marchent avec ordre & avec précaution au fourage dans le voiſinage ennemi : Grands exemples, pour prouver que les Bêtes ont de la connoiſſance. * Mais l'Auteur eſt modeſte : il en avoit bien d'autres, qu'il n'a pas jugé à propos de citer d'après ſon modéle. Un Chien, qui, au rapport de Plutarque, du tems de l'Empereur Veſpaſien, contrefaiſoit le mort au Théâtre de Marcellus : Des Roſſignols qui inſtruiſent leurs petits à chanter : Des Eléphans dreſſés à danſer au ſon de la voix : La Pie d'un Barbier de Rome, qui imitoit le ſon de la trompette, ſont des exemples avec leſquels notre

* La majeure partie des Philoſophes donne aux Bêtes les connoiſſances ſenſitives, réglées par l'inſtinct, qui ne dirige leurs actions que relativement aux différentes paſſions dont les Bêtes ſont agitées. Si ces connoiſſances ſont une fiction, la fiction vient plus des Philoſophes que de l'Auteur.

Auteur auroit achevé de convaincre que les Bêtes parlent : Je le croirai, pourvu qu'il veuille m'accorder qu'il y en a qui ne sçavent ce qu'elles disent, comme il arrive à bien des hommes.

Cependant, est-ce nécessairement par connoissance, qu'un Geai, une Pie, un Merle, crient, quand ils apperçoivent le * Chasseur? Est-ce par connoissance qu'un Moineau, quand il voit un Chat, avertit ses semblables de l'approche de leur ennemi commun? Un Péripatéticien nous dira que c'est la sympathie qui consterne ces Oiseaux, & les éloigne de celui qu'ils ont sujet d'appréhender; comme c'est la sympathie qui approche le Coq d'une Poule, parce que la haine & l'amour sont deux passions aveugles, lesquelles agissant

---

* On a rapporté dans la Préface de ce petit Recueil quelques Fables de M. la Fontaine; elles peuvent égayer la discussion sur la connoissance des Bêtes.

dans l'homme ſouvent ſans connoiſſance, du moins ſans réflexion, peuvent, à plus forte raiſon, faire dans les Bêtes le même effet. Que ne nous diroit pas encore le hardi Cartéſien, qui compareroit tous ces mouvemens à ceux d'une montre, & qui ne trouveroit pas le langage des Bêtes fort différent de la ſonnerie d'une horloge ?

Inſenſiblement je prendrois ici le ton de Raiſonneur & de Philoſophe ; je n'en ai pas envie. Le P. B. pour établir la néceſſité du langage des Bêtes, s'eſt fondé ſur la connoiſſance qu'elles ont. Si la nature les a faites capables d'entendre une langue étrangere, pourquoi n'auroient-elles pas la faculté d'entendre, & de parler une langue qui leur eſt naturelle ? » Votre Chienne (dit-il » à Madame la Ducheſſe de Ch.) » a beaucoup d'eſprit ; vous » vous entretenez tout le long du » jour avec elle ; vous l'entendez,

» elle vous entend : mais ſoyez ſûre » que lorſqu'il vient un Chien la » cajoler, elle l'entend beaucoup » mieux encore, & ſe fait mieux » entendre. « De-là il conclut que les Bêtes parlent, & qu'il eſt fort raiſonnable de le croire. Si nous ne voulons pas adhérer à ſon ſentiment, laiſſons-le du moins penſer que ſon ſentiment (c'eſt lui qui le dit) eſt aſſez bien fondé, pour trouver place entre les divers ſyſtêmes qui occupent le loiſir des Philoſophes. Diſciple de Montagne, il n'a ſuivi en cela que le ſentiment de cet Ecrivain, qui dit des Bêtes : *Comment ne parleroient-elles pas entr'elles? Elles parlent bien à nous, & nous à elles.* * Mais le P. B. ne leur don-

---

* Le Critique contredit ce qu'il a avancé un peu auparavant, en accuſant l'Auteur de mettre par ſon ſyſtême les Bêtes au-deſſus de l'Homme. Les Bêtes ſont remiſes dans la claſſe où elles doivent reſter. Le Cenſeur rapporte fidélement les expreſ-

ne un langage que pour satisfaire à leurs besoins, & à tout ce qui est nécessaire à leur conservation. Elles n'entendent point la Philosophie & la Morale. Quel dommage ! Cependant l'ordre qui paroît chez plusieurs espéces de Bêtes, leur sobriété, leur constance auroient dû porter l'Auteur à leur accorder une espéce de Philosophie des moeurs ; aussi bien-tôt j'en trouverai quelques-unes, à qui il donne le nom de Philosophes. D'un autre côté ce sont, à l'en croire, des Héros en amour. Si un Chien ne perd point de tems pour en compter à sa Belle sur sa *beauté*, sur sa *taille*, sur son *esprit* & sa *jeunesse*, l'Auteur qui en a, sans doute, surpris, avec plaisir, quelqu'un débitant de telles fleurettes, a trouvé de la *vivacité* dans sa conversation. Aussi nous dit-il que

---

sions & le sens de l'Auteur. C'est la seule fois qu'il l'ait fait, & on lui rend la justice qui lui est duë.

» tout parle dans une Bête amou-
» reuſe, comme dans l'homme le
» plus paſſionné ; que ſa voix, ſes
» geſtes, ſes mouvemens, tout
» exprime ſa paſſion. « Un pareil détail de la part de l'Auteur pourra vous ſurprendre ; *Mais* un Philoſophe, Madame, ne doit rien ignorer * En nous diſant que les Bêtes *diſent toujours vrai*, & qu'elles ne trompent jamais, pas même *en amour*, ce ſont des leçons qu'il nous donne, & dont il eſt à ſouhaiter que nous profitions.

Mais

* C'eſt vouloir jetter injuſtement du ridicule ſur un Auteur, que de le blâmer de certains détails qui ne peuvent que plaire ſans bleſſer les mœurs. On pourroit oppoſer à ceux qui reprennent les traits les plus innocens le Proverbe Eſpagnol, qui porte que *l'Abeille change tout en miel & l'Araignée en venin.*

Quando çuga el abeja, mel torna; y quando el araña, ponçoña.

Mais accorder aux Bêtes une * ame ſpirituelle, leur trouver un langage, ne les faire parler qu'à propos, leur donner des avantages que nous n'avons pas, cela ne ſuffit pas encore à notre Auteur. En voyant chez beaucoup d'eſpéces de la ſobriété & de la conſtance, il eſt tenté de les comparer à Diogène, & d'en faire par coſéquent autant de Philoſophes, vivans dans une petite baraque, contens du pur néceſſaire; fuyans le commerce des hommes; ne parlant que par néceſſité. » Tel eſt, dit-il, un de ces » gros Chats barbus & bien fourrés, que vous voyez dans un » coin, digérant à loiſir, dormant, ſi bon lui ſemble, ſe » donnant quelquefois le plaiſir » de la chaſſe, jouiſſant d'ailleurs » paiſiblement de la vie, &c. Il

* On a obſervé ci-devant, que cette idée eſt une pure fiction & une plaiſanterie.

» ne faut, à la vérité, qu'une
» Chate pour déranger toute sa
» philosophie : mais nos Philoso-
» phes sont-ils plus sages dans l'oc-
» casion ?

Voilà des Philosophes que vous ne connoissiez pas, & qui, sans doute, ont eu la Philosophie par infusion ; car je ne leur connois ni Ecole, ni Académie. Il est vrai, qu'animés par des Démons, ils n'en ont pas besoin. Tout cela a quelque chose de divertissant, & pourroit servir de suite au ridicule voyage fait par Guliver dans le pays des *Houyhymhymms*.

Mais il n'est pas le premier qui fasse des Bêtes autant de Philosophes. Il a lû qu'Elien, sur la foi d'Aristote, en y ajoûtant du sien, accorde la science des Mathématiques aux Thons. Il dit qu'ils enseignent l'Astrologie aux hommes en s'arrêtant où le Solstice d'Hyver les surprend, & ne décampant qu'à l'Equinoxe suivant. Par leur marche en bataillon à six faces égales, ils font voir qu'ils possédent la Géométrie, & l'Arithmétique. Notre Auteur eut bien dû rapporter cet exemple, pour faire valoir son sentiment.

Les Bêtes douées d'une ame spirituelle, connoissant, parlant, raisonnant en Phisolophes, que leur manque-t-il ? Une Religion : Le P. B. n'est pas tout à fait assez hardi pour la leur accorder ; d'ailleurs il sçait que sur ce point il est toujours indécent & dangereux d'entreprendre de badiner. Cependant il a trouvé que Plutarque en attribue une aux Elephans & aux Fourmis ; & Montagne est tenté de croire fort ridiculement qu'il n'y a point de Bêtes qui n'ait une espéce de culte. Mais ici n'oublions pas que les Bêtes sont, selon l'Auteur des Diables, incorporés, (c'est ce que n'a pas dit Montagne) & qu'ainsi il ne pouvoit, sans tomber dans une bévue grossiére, leur donner un Culte & une Religion ; mais les décorant du titre de Philoſophes, c'étoit le lieu (puiſque Montagne lui fourniſſoit des preuves) de nous parler en général de la juſtice, & de l'équité des Bêtes ; de vanter la magnanimité de l'une, la reconnoiſſance de l'autre, la clémence de celle-ci, la fidelité de celle-là. De telles qualités conviennent à des Philoſophes.

Je vois avec quelque eſpéce de peine (car l'Auteur ne fait aucune exception) qu'à l'Ane, au Bœuf, au Mouton, au Cheval, qui ſont des Animaux lourds & un peu ſtupides, le nom de *Philoſophes* *

* Ce n'eſt point une fiction nouvelle, que d'admettre des Bêtes en Philoſophe, & des Philoſophes dans la claſſe des Bêtes. Pythagore qui par la vertu de la métempſicoſe avoit paſſé (comme il aſſure) par toute ſorte de conditions, ayant été Philoſophe, Homme, Femme, Roi, Particulier, Poiſſon, Cheval, Coq, Grenouille, &c. déclare, après toutes ces tranſmigrations, l'Homme le plus malheureux de tous les Animaux. Il réſulte de cet aveu

ſoit prodigué, pendant qu'il le re-

---

que les Animaux nous font plus de grace en nous admettant dans leur Philoſophie, que nous ne leur en faiſons en les admettant dans la notre. On ſçait que l'Ane parmi eux ne le cede à aucun. Il peut même argumenter auſſi fortement que faiſoit Stentor ; ce qui n'eſt pas un petit avantage en Philophie. Enfin, il ne manque à l'Âne, comme aux autres Animaux, que la parole, & un langage que nous puiſſions entendre, ſuivant l'Horace François.

Nous nous moquons de lui ; mais s'il pouvoit un jour,
Docteur, ſur nos deffauts s'exprimer à ſon tour.
Si, pour nous réformer, le Ciel prudent & ſage,
De la parole enfin lui permettoit l'uſage ;
Qu'il pût dire tout haut ce qu'il ſe dit tout bas,
Ah, Docteur, entre nous que ne diroit-il pas ?

. . . .
. . . .

fuſe aux Oiſeaux, qu'il traite de *babillards*. Je crois en entrevoir la raiſon : c'eſt que peut-être en ſécret, il compare les premiers aux *Diſciples de Pythagore*, qui écoutoient ſans parler, ou parloient peu, & parloient bien ; & les ſeconds à ces grands parleurs de * Caffé, qui diſent beaucoup & ne diſent rien.

Je voudrois, Madame, que

De tous côtés, Docteur, voyant les Hommes fous,
Qu'il diroit de bon cœur, ſans en être jaloux,
Content de ſes chardons, & ſecouant la tête ;
Ma foi, non plus que nous, l'Homme n'eſt qu'une Bête.

DESPRÉAUX. Sat. VIII.

* On peut joindre à pluſieurs parleurs de Caffé, pluſieurs Critiques.

l'Auteur nous eut donné les principes de la Philoſophie des Bêtes ; &, lui qui me paroît entendre & ſi bien interpréter leur langage, ne nous fait part d'aucune de leurs leçons de ſageſſe. Son ſilence me fait croire que la Philoſophie qu'il leur donne, n'eſt qu'un pur épicuriſme, comme étant celle qui convient mieux à des Animaux irraiſonnables. J'en juge par les diſcours amoureux des Oiſeaux, par les entretiens tendres d'un Chien & d'une Chienne, par les pourſuites redoublées d'un Chat guidé par ſa paſſion : Le tout traduit en François par notre Auteur, qui a ſçu déchiffrer leurs termes amoureux. Il a délicatement rendu pluſieurs de leurs phraſes. Peut-être que ſes loiſirs lui permettront à préſent de nous donner un Dictionnaire complet, une Méthode, & une Grammaire du langage particulier de chaque eſpéce, & même, à l'exemple d'un docte Académicien, une

Prosodie exacte, qui seroit sur tout nécessaire pour les divers *accens des* Oiseaux.

La République des Lettres étant une fois enrichie de ce nouveau Dictionnaire, qui ne sera pas curieux d'entendre les Langues de tous les Animaux, à qui nous pensions que le Ciel avoit refusé la parole? Nous étions dans l'erreur. Ils parlent, & parloient même avant le péché d'Adam. Le P. B. qui le tient d'un autre Auteur, nous dit qu'ils articuloient alors comme nous. L'entretien du Serpent avec Eve, est la preuve qu'il en apporte. Il y a eu donc parmi eux, comme parmi nous, une confusion de Langue. Mais pourquoi cette confusion? Ont-ils trempé dans le péché du Serpent, comme nous dans celui d'Eve? Ou auroient-ils été privés de leur langage particulier pour punir le Diable? En admettant le systême de l'Auteur, qui n'est fondé que sur son imagination, tout est expliqué.

Un autre réflexion, qui vous paroîtra aussi *neuve* que *singuliere*, c'est que les Oiseaux, que nous regardions comme les premiers chantres du monde, ne chantent plus, pas même le Serin, & le Rossignol. Le P. B. vient de porter la réforme chez eux ; & ce que nous en entendons n'est plus qu'un simple langage, & langage, sans doute, Philosophique. C'est ici que l'Auteur donne du *neuf*. Je consens cependant que la Pie & le Geai crient ; que le Corbeau croasse ; que plusieurs autres n'ayent qu'un ton triste & désagréable ; que tant d'autres ne fassent que parler ; mais qu'un Pinson, qu'un Chardronet ne chantent plus, quel est mon chagrin ! Je ne me lassois point de la mélodie de plusieurs Sérins. J'aimois ces Oiseaux à qui je m'imaginois que la nature avoit donné pour le chant une délicatesse que l'homme ne peut imiter. Deux Rossignols incomparables dans leurs roulades, quand ils chantent le triomphe de leurs amours, ou le retour du Printems, m'ont fait passer d'agréables nuits: & voici que, par l'attentat d'un nouveau systême, je me trouve tout à coup privé d'une partie de mes plaisirs.

Aussi pour me venger de *l'aimable Pere*, qui cesse de me le paroître ici, je ne croirai pas avec lui que les Poissons ont autant, & peut-être plus, d'expressions vocales, que les Oiseaux mêmes. Je dirai qu'une Carpe, une Anguille, ou quelqu'autre Poisson, que l'on m'apportera vivant, ne parle point. Je n'ajouterai point foi aux choses surprenantes que nous disent les Naturalistes, de plusieurs Poissons, grands & petits. Et je penserai, sans avoir *le moindre chagrin philosophique*, que la Nature, quoique uniforme dans ses opérations, mais ni prodigue, ni avare, condamne, avec raison, à un éternel silence tant de peuples innombrables qui habitent les espaces immenses des Mers.

L'Auteur en accordant la parole aux Animaux, ne nous a point appris en quoi consiste leur langage; par exemple celui des Dindons, qui semblent n'avoir qu'une langue monotone, & n'employer, pour ainsi dire, qu'une seule phrase dans toute leur vie, comme s'ils n'avoient qu'une chose en tête. Cependant, malgré ce défaut, les Dindons pourroient bien être des Philosophes, & mêmes des Docteurs de certaine espéce, tant ils semblent bouffis d'Orgueil. Ensorte que l'Auteur de la fameuse comédie de la *femme Docteur* n'auroit peut-être pas tant de peine à composer un pareil ouvrage au sujet de ces Animaux & de bien d'autres, qui leur ressemblent.

Madame, pour ne rien oublier, il fait entrer dans son systême les Réptiles & les Insectes, à qui il donne des expreſſions vocales & ſenſibles. Nous trouverons quelque choſe de vrai dans ce qu'il avance, ſi nous voulons faire attention, que le langage d'une des plus floriſſantes nations de l'Europe approche du ſiflement des Serpens. Un grand Prince * a dit d'elle que ſon langage eſt un ramage ſemblable à celui des Oiſeaux, & qu'on trouve du raport entre le langage des Allemans & celui des Chevaux.

Enfin il y a peu de choſe dans l'Amuſement Philophique du P. B. qui puiſſe paſſer pour *neuf*. Cet ingénieux Auteur y a cherché à dépayſer ſes Lecteurs, en ſubſtituant de nouveaux exemples à ceux qu'on lit dans Montagne, & en donnant aux Bêtes des ſentimens qu'elles n'ont pas. Montagne n'a voulu que raiſonner ſur ce que les † Naturaliſtes racontent des Bê-

* L'Empereur Charles V.

† Les Naturaliſtes n'ont point réuſſi à

tes, le P. B. a cru que pour ne pas

élever l'Homme autant qu'il le doit être au-deſſus des Bêtes. Lucrece dont les ſentimens ſur la Religion ſont dangereux, ne donne point aux Hommes des avantages aſſez ſenſibles ſur les Bêtes. On rapporte quelques Vers de ce Poëte qui démontrent ſon ſentiment à ce ſujet.

Porro puer, veluti ſævis projectus ab undis
Navita, nudus humi jacet infans, indigus omni
Vitali auxilio, cum primum in luminis oras
Nixibus ex alvo matris natura profudit,
Vagitu que locum lugubri complevit, ut æquum eſt,
Cui tantum in vità reſtet plorare malorum;
At variæ creſcunt pecudes, armenta feræque;
Nec crepitacillis opus eſt, nec cuiquam adhibenda eſt,
Almæ nutricis blanda atque infracta loquela;
Nec varias quærunt veſtes pro tempore cœli,
Denique non armis opus eſt, non mœnibus altis,
Queis ſua tutentur; quando omnibus omnia largè

ressembler toujours à ce Philoso-

Tellus ipsa parit, natura-que Dædala rerum.

Pline l'Hystorien s'explique comme Lucrece.

Cæteris variè, inquit, tegumenta natura præbuit, testas, cortices, coria, spinas, villos, setas, pilos, plumam, pennas, squammas, vellera; hominem tantum nudum & in humo natali die abjicit, ad vagitus statim & ploratum.

Ciceron n'humilie pas moins l'Homme.

Hominem, inquit, non ut a matre, sed ut à Novercà naturà editum in vitam, corpore & nudo & fragili, & infirmo, animo-autem anxio ad molestias, humili ad timores, molli ad labores, prono ad libidines, in quo tamen inesset tanquam obrutus quidam divinus ignis ingenii & mentis.

Il n'y a rien à gagner pour l'Homme avec les Naturalistes. Ovide a plus fait pour lui, par l'idée noble qu'il donne de sa création. Il dit que Jupiter le forma sur le modele des Dieux.

Finxit in effigiem moderantum cuncta Deorum;

phe, il devoit créer des faits qui n'ont exiſté que dans ſon imagination.

Mais c'eſt trop long-tems vous entretenir d'un ouvrage dans lequel l'Auteur affecte un ſtile leger qui ne ſe ſoutient pas. Il y fait voir une grande fécondité, beaucoup de raiſonnement. Le tems ne lui a pas permis ſans doute de le faire plus court pour le rendre plus agréable, ni d'éviter des répétitions pour ne pas ennuyer,* c'eſt

---

Prona-que cum ſpectent animalia cætera terram,
Os homini ſublime dedit, cœlum-que videre
Juſſit, & erectos ad ſidera tollere vultus.

* Un homme d'eſprit & dont les Ouvrages ſont eſtimés, a remarqué, qu'il étoit honteux & ordinaire aux Italiens & aux François de n'obſerver ni honnêteté, ni bienſéance ; qu'ils ſubrituent à leur cenſure des railleries ameres, ou des injures qui ne ſervent de rien à leur ſujet, & que leur Critique ne peut plus paſſer que pour un libelle diffamatoire. Par là on découvre la

ce qui fait qu'il n'eſt pas aſſez amuſant pour être joli. J'ai l'honneur d'être avec un très-profond reſpect,

MADAME,

Votre trés-humble
& très-obeïſſant ſerviteur

ce 20 *Mars* 1739.

---

malignité des Ecrivains qui ne cherchent à établir leur réputation que ſur la ruine de celle des autres, & dont le cœur a entierement corrompu l'eſprit.

M. CHEVREAU.

——— *Male veram examinat omnis*
Corruptus judex. (HOR.)

LETTRE

DU P. BOUJEANT, JESUITE, à Monsieur l'Abbé SAVALETTE, Conseiller au Grand Conseil.

C'EST inutilement, MONSIEUR, que vous me conseillez de garder le silence sur l'*Amusement Philosophique* que j'ai donné au Public. Quand un homme de mon état a eu le malheur de publier un Ouvrage, capable de causer le moindre scandale, il n'a pas deux partis à prendre; il faut qu'il le désavoue hautement, & qu'il en demande publiquement pardon au Ciel & à la Terre. Voilà la regle, & je ne sçache rien qui doive y faire une exception pour moi. Je dis plus: si je pouvois me flatter, comme l'amitié vous le persuade, d'avoir acquis dans le monde quelque estime par mes Mœurs, par ma Religion & par mes Ouvrages, ce seroit pour moi dans la circonstance où je me trouve, une nouvelle obligation de m'expliquer. Ainsi, MONSIEUR, puisque l'*Amusement Philosophique* a causé du scandale, il est juste que j'essuie l'humiliation que merite un Auteur qui produit un pareil Ouvrage. Je vous proteste donc, & comme je desire que vous rendiez cette Lettre publique, c'est le protester publiquement, que je suis au désespoir d'avoir composé & publié l'*Amusement Philosophique sur le langage des Bêtes* : que dès que j'ai été informé des jugemens désavantageux qu'on en portoit, j'en ai été véritablement affligé ; & que je l'aurois supprimé, si j'en avois été le maître.

Je me suis fait illusion à moi-même, je l'avoue. Je voulois simplement exposer les divers systêmes des Philosophes sur la connoissance des Bêtes, & j'ai donné lieu aux Esprits peu attentifs de penser, que j'approuvois celui qui les suppose animées par des Diables ; quoique je croie avoir suffisamment fait connoître qu'il n'étoit pas de mon goût, & qu'en effet malgré ce que j'en ai pû dire par voie d'amusement, je ne l'aie jamais regardé que comme une imagination bisarre & presque folle. Dans cette exposition des divers systêmes, je ne prétendois que donner aux raisonnemens un tour leger, & propre à intéresser par une sorte de badinage ; & par-là même, j'ai malheureusement donné occasion de croire, que je traitois peu respectueusement des objets qui touchent à la Religion. Dans l'explication que je fais du langage des Bêtes, je n'ai eu en vûe que d'exposer diverses observations de l'Histoire naturelle des Animaux avec des réflexions convenables à mon sujet, & on a trouvé de l'indécence dans cette explication. Voilà mon crime. Je rougis de m'être attiré des reproches si sensibles à un homme de mon état; & il n'y a rien à quoi je ne me déterminasse pour effacer les impressions qu'ils peuvent faire dans le Public.

Ce que je puis cependant vous ajoûter avec verité, & ce qui met au moins, ce me semble, à couvert mes intentions, c'est qu'en composant cet Ouvrage, que je condamne aujourd'hui, il ne m'est pas venu dans l'esprit qu'il dût paroître condamnable: & ce qui le prouve bien sensiblement, c'est le peu de précaution que j'ai pris pour laisser ignorer que j'en fusse l'Auteur; c'est la franchise avec laquelle je l'ai avoué à diverses personnes, avant qu'il commençât à faire du bruit; c'est la bonne foi avec laquelle j'ai donné mon Manuscrit à lire à quelques amis, qui ne m'en ont fait qu'une critique fort légere; c'est l'ingénuité avec laquelle j'ai présenté moi-même l'Ouvrage à l'autorité publique, pour être muni d'Approbation & de Privilege; c'est enfin la sécurité où j'ai toûjours été sur le succès de l'Ouvrage. Il faisoit déja du bruit, & je n'en voulois rien croire. Quelques amis m'en faisoient craindre des suites désagréables, & je ne pouvois me le persuader. Peut-être l'illusion dureroit-elle encore, si je n'avois été enfin désabusé par des autorités respectables, que je ne pouvois soupçonner de prévention, ni de mauvaise volonté. Appellez comme il vous plaira, MONSIEUR, cette espece de simplicité si singuliere: mais quelque nom qu'on puisse lui donner, ce n'est après tout que simplicité; & si je suis assez heureux pour que le Public me rende cette justice, j'ai lieu d'espérer qu'en condamnant l'Ouvrage il pardonnera à l'Auteur, & qu'après m'avoir jugé avec une sévérité contre laquelle je ne réclame point, il me plaindra avec encore plus de bonté.

Du reste, MONSIEUR, soyez persuadé, je vous prie, qu'en m'expliquant avec vous, comme je viens de le faire, & en vous marquant le desir que j'ai que vous n'en fassiez point aux autres un secret, je n'ai point eu d'autre vûe que celle de m'acquitter de ce que j'ai crû devoir à l'édification publique. Je ne cherche point à changer ma situation présente. Quoiqu'on puisse penser qu'elle m'est désagréable, j'y ai cependant trouvé des avantages qui me la rendent chere: & ne m'eût-elle procuré que celui de penser sainement sur l'Ouvrage que je désavoue, je croirai devoir toute ma vie rendre graces à Dieu de me l'avoir ménagée.

J'ai l'honneur d'être avec bien du respect,

MONSIEUR,

Votre très-humble & très-obéissant Serviteur,
G. H. BOUJEANT, de la Compagnie de Jesus.

A la Fléche ce 12. Avril 1739.

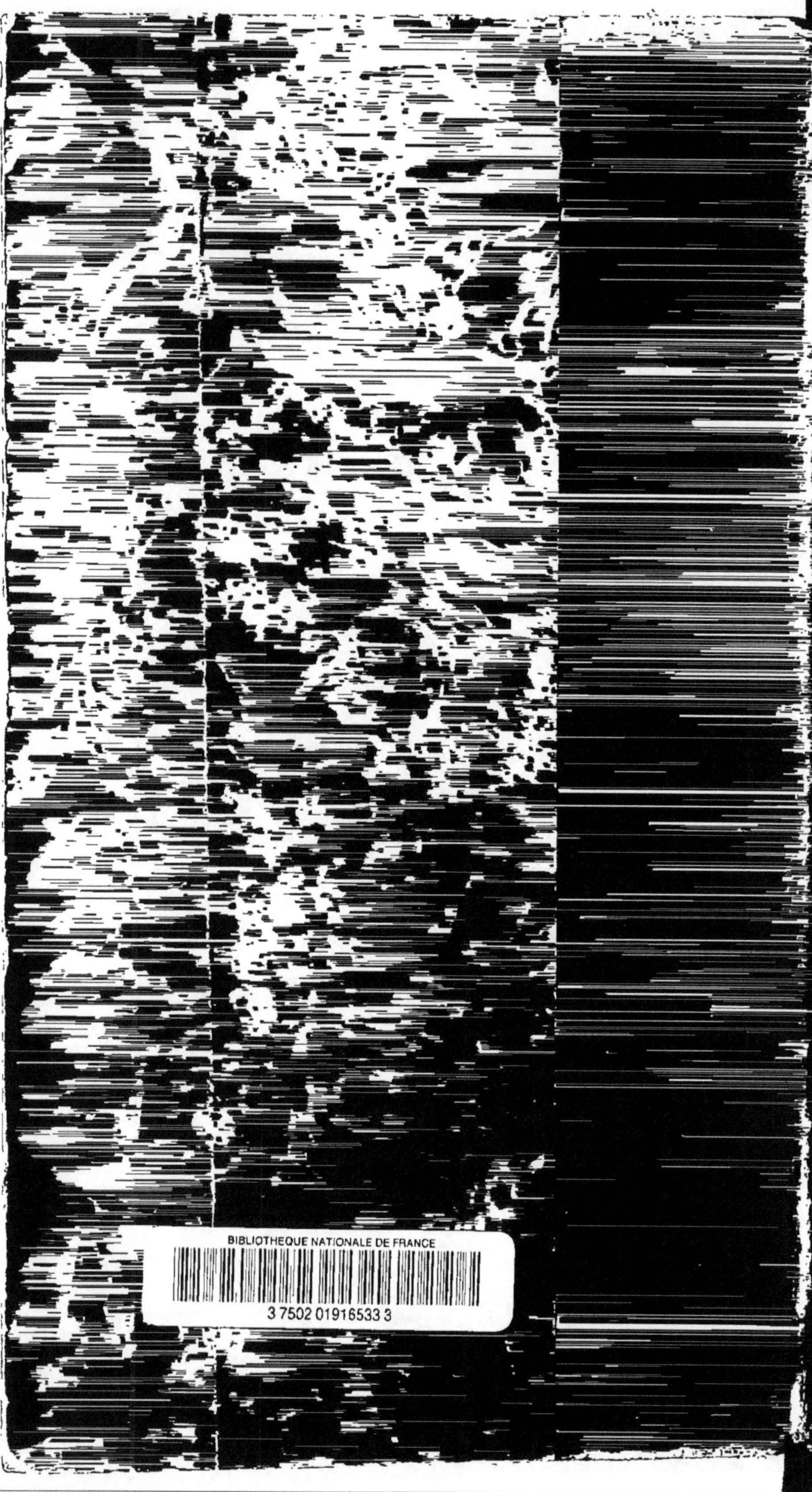

www.ingramcontent.com/pod-product-compliance
Ingram Content Group UK Ltd.
Pitfield, Milton Keynes, MK11 3LW, UK
UKHW020210250726
13967UKWH00003B/1372

9 782012 970656